Klara Kirschbaum

Soziales Lernen mit kleinen Tiergeschichten

Methoden und praktische Arbeitsblätter zur Förderung der Sozialkompetenz

Klara Kirschbaum studierte in Karlsruhe Lehramt für die Grundschule mit den Fächern Deutsch, Religion und Sachunterricht. Sie absolvierte das Referendariat an einer Grundschule in Köln und arbeitet seitdem in Hamburg.

Wir verwenden in unseren Werken eine genderneutrale Sprache, damit sich alle gleichermaßen angesprochen fühlen. Wenn keine neutrale Formulierung möglich ist, nennen wir die weibliche und die männliche Form. In Fällen, in denen wir aufgrund einer besseren Lesbarkeit nur ein Geschlecht nennen können, achten wir darauf, den unterschiedlichen Geschlechtsidentitäten gleichermaßen gerecht zu werden.

4. Auflage 2024

AAP Lehrerwelt GmbH
Veritaskai 3
21079 Hamburg
Telefon: +49 (0) 40325083-040
E-Mail: info@lehrerwelt.de
Geschäftsführung: Andrea Fischer, Sandra Saghbazarian
USt-ID: DE 173 77 61 42
Register: AG Hamburg HRB/126335

Autorschaft:	Klara Kirschbaum
Covergestaltung:	TSA&B Werbeagentur GmbH, Hamburg
Coverillustration:	Katharina Reichert-Scarborough
Illustrationen:	Katharina Reichert-Scarborough
Satz:	Satzpunkt Ursula Ewert GmbH, Bayreuth
Druck und Bindung:	Korrekt Nyomdaipari Kft., Budapest

ISBN/Bestellnummer: 978-3-403-20394-0
www.persen.de

Inhaltsverzeichnis

1 Didaktisch-methodische Hinweise

Kleine Geschichten für Soziales Lernen (Kapitel 2)

Für ein harmonisches Zusammenleben ist es wichtig, gut miteinander auszukommen, sich an Regeln zu halten und Verantwortung für sich und andere zu übernehmen. Einander mit Achtung zu begegnen, Konflikte friedlich zu lösen und Bedürfnisse von anderen wahrzunehmen, ist bereits von Kindern in Freundschaften und im schulischen Umfeld gefordert.

Schule hat daher nicht nur die Aufgabe, Kompetenzen wie Lesen, Schreiben und Rechnen zu vermitteln, sondern muss auch soziale Kompetenzen der Kinder fördern. Mitgefühl, Kompromissbereitschaft, Hilfsbereitschaft, respektvoller Umgang usw. – dies alles muss von Lehrkräften vermitteln werden.

Doch wie kann dies – neben der Vermittlung von Fachkompetenzen – in den eh schon stressigen Schulalltag integriert werden?

In diesem Band finden Sie elf kleine Geschichten mit Arbeitsblättern, mit denen Sie ohne großen Aufwand die wichtigen sozialen Kompetenzen fördern und in Ihren Unterricht integrieren können.

Die Geschichten können gemeinschaftlich gelesen werden und die Materialen fördern nebenbei nicht nur die Empathiefähigkeit der Kinder, sondern auch die Lese- und Schreibkompetenz. Die Kinder reflektieren das Verhalten der Protagonisten, werden zum Nachempfinden aufgefordert und angeregt, ihr eigenes Verhalten zu hinterfragen.

Durch Partner- oder Gruppenarbeit bei den Arbeitsblättern schulen Sie zusätzlich das Soziale Lernen und den Gemeinschaftssinn der Kinder. Durch die Besprechung und Auseinandersetzung mit den Geschichten werden die Kinder weiterhin im Zuhören und Sprechen geschult.

Das Hineinversetzen in andere Figuren und das Nachempfinden der Gefühle können Sie unterstützen, indem Sie die Geschichten von Schülern nachspielen lassen.

Mit den elf Geschichten über den kleinen Spatzen Ole und seine Freunde werden Bereiche des Sozialen Lernens veranschaulicht. In jeder Geschichte steht ein Lernthema im Fokus:

- Stärken und Schwächen
- Jeder ist anders
- Anderen helfen
- Mitgefühl zeigen
- Gewaltfrei reden und fair streiten
- Gut miteinander umgehen
- Ehrlich sein
- Angst haben
- An Regeln halten
- Mobbing
- Zusammenarbeiten

Die Auseinandersetzung mit den Themen bietet eine Unterstützung, die Kinder zu sensibilisieren und die Klassengemeinschaft zu fördern. Das soziale Miteinander in der Klasse hat weiterhin eine positive Auswirkung auf das Lernen – und dies alles ohne einen erhobenen Zeigefinger.

Vorlage: Der Baum des Sozialen Lernens (S. 67)

Am Ende der Geschichten finden Sie die Kopiervorlagen für einen Baum mit Blättern. Diesen Baum können Sie vergrößert in der Klasse aufhängen und mit den Blättern nach und nach schmücken. Auf den Blättern tragen die Kinder ein, was sie durch jede Geschichte gelernt haben. Somit haben Sie am Ende der Einheit ein schönes Ergebnis, was die Kinder im Bereich Soziales Lernen erarbeitet haben, und können immer wieder darauf Bezug nehmen.

Für einen Einsatz in der 1. Klasse kann es sinnvoll sein, sich auf das Vorlesen und Besprechen der Geschichten zu beschränken und ggf. nur ausgewählte Arbeitsblätter zum Einsatz kommen zu lassen.

1 Didaktisch-methodische Hinweise

Methodenbox (Kapitel 3)

Im Anschluss an die Geschichten finden Sie eine Methodenbox mit Anregungen, wie Sie das soziale Miteinander in Ihrer Klasse oder Ihrer Schule fördern können. Die Materialien zu den verschiedenen Methoden machen einen direkten Einsatz möglich.

Warme Dusche (S. 72)

Die „warme Dusche“ ist ein gutes Mittel, um das soziale Verhalten der Schüler zu fördern und positives Verhalten zu aktivieren und zu verstärken.

Die Warme-Dusche-Karten können auf ein „Schüler-der-Woche-Plakat“ geheftet werden oder ein Schüler wird auf der Karte eingetragen. Laminieren Sie dafür die Karten – so können sie mit einem Folienstift beschriftet und mehrmals eingesetzt werden. Wählen Sie selbst ein Kind oder lassen Sie die Kinder einen Mitschüler auswählen.

Der auserkorene Schüler erhält dann ausschließlich positive Rückmeldungen. Die beispielhaften Satzanfänge können Sie als Hilfestellung an die Tafel heften.

Komplimentebox (S. 76)

Legen Sie in eine Box die Namen der Kinder auf kleinen Kärtchen. Einmal in der Woche/im Monat ziehen die Kinder einen Namen und haben die Aufgabe, diesem Kind einen schönen und netten Brief zu schreiben. Sie denken somit über die positiven Eigenschaften des Mitschülers nach und finden vielleicht auch Eigenschaften, die ihnen zunächst gar nicht bewusst waren. Die Tippkarten geben den Kindern Hilfestellung bei der Formulierung.

Mein geheimer Freund (S. 77)

Stellen Sie für die Umsetzung des „geheimen Freundes“ eine Box bereit. In dieser Box liegen die Namen der Kinder auf kleinen, laminierten Karten. Die Kinder ziehen einen Namen und haben die Aufgabe, für das gezogene Kind eine Woche lang der geheime Freund zu sein. Sie dürfen nicht verraten, welchen Namen sie gezogen haben und sind zu diesem besonders freundlich oder überlegen sich etwas Besonderes für ihn. Die Tippkarten bieten eine Hilfestellung, was die Kinder für ihren Freund Gutes tun können. Die Methode fördert das soziale Verhalten der Schüler und verstärkt positives Verhalten.

Lobkarten und Gutscheine (S. 78)

Durch Belobigungen und Gutscheine können Sie erwünschtes und positives Verhalten Ihrer Schüler verstärken. Sie richten damit die Aufmerksamkeit der gesamten Klasse auf das positive Verhalten des Kindes und motivieren die Mitschüler. Das Kind, welches eine Belobigung erhalten hat, fühlt sich gestärkt und akzeptiert. Durch das Gefühl, einbezogen zu sein und etwas gut zu können, führt dies letztlich zu einer erhöhten Lernbereitschaft.

Partner- und Gruppeneinteilung (S. 81)

Kinder möchten bei der Partner- oder Gruppenarbeit gerne mit ihren Freunden und immer denselben Kindern zusammenarbeiten. Wichtig ist aber, dass sie auch lernen, mit anderen zufällig gewählten Kindern zu arbeiten. Dafür bieten sich die kleinen Kärtchen an, die Sie in einem kleinen Beutel aufbewahren können. Die Kinder ziehen nun kleine Bilder und finden sich so zur Partner- oder Gruppenarbeit zusammen.

Motto der Woche (S. 83)

Sich grundlegender Werte bewusst zu werden, wird in unserem Zusammenleben immer wichtiger. Werte wie Hilfsbereitschaft und Respekt machen ein friedliches Miteinander möglich. Das Motto der Woche oder des Monats sollten Sie gemeinsam mit den Kindern besprechen, damit die Kinder die Bedeutung des Mottos kennen und wissen, wie es im Schulalltag umgesetzt werden kann. Lassen Sie die Schüler Beispiele für eine gelungene oder misslungene Umsetzung sammeln. Am Ende der Woche/des Monats kann die Umsetzung dann reflektiert werden: „Das Motto der Woche/des Monats hat gut geklappt, weil …“, „Das Motto der Woche/des Monats hat nicht gut geklappt, weil …“.

1 Didaktisch-methodische Hinweise

Klassenregeln (S. 86)

Um Unterrichtsstörungen vorzubeugen, sind Vereinbarungen und Regeln wichtig. Den Kindern geben sie Sicherheit und Orientierung und sind unabdingbar für das Zusammenleben in der Gesellschaft. Aber nicht nur den Kindern bietet es eine Hilfe, auch Sie als Lehrkraft können sich immer wieder auf diese Regeln berufen.

Sie können die Klassenregeln mithilfe der Karten vorgeben, Sie können die Kinder aber auch selbst Regeln sammeln und priorisieren lassen.

Klassendienste (S. 89)

Dank der Klassendienste weiß jedes Kind, was es zu tun hat, und der Schulalltag kann reibungslos verlaufen. Durch Klassendienste bleibt nicht nur mehr Zeit für den Unterricht, die Kinder lernen auch, Verantwortung zu übernehmen. Auch wenn es sich dabei nur um kleine Aufgaben handelt – alle Tätigkeiten sind für die gesamte Klassengemeinschaft wichtig.

Die Kinder lernen, selbstständig zu handeln und die Zeit für den Dienst zu organisieren. Sie können immer zwei Kindern einen Dienst übertragen oder nur einem Kind. Die Dienstekarten können im Klassenraum auf einem Plakat gesammelt werden. Jedes Kind kann dann seinen Namen (mit einer Namensklammer) an den Dienst heften.

Klassenrat (S. 90)

Das Selbstbewusstsein der Kinder wird durch das Mitspracherecht im Klassenrat gestärkt und sie lernen wichtige Werte des Zusammenlebens wie Höflichkeit, Verantwortung und Hilfsbereitschaft. Auch zur Streitschlichtung und zum Umgang mit Konflikten eignet sich der Klassenrat besonders. Es ist eine feste Zeit – am besten einmal in der Woche – für Streitschlichtung und Problembehandlung vorhanden und der restliche Unterricht kann weitestgehend ungestört verlaufen. Weiterhin können auch organisatorische Dinge, wie Projekte oder Ausflüge, im Rahmen des Klassenrates besprochen werden.

Die Klassengemeinschaft wird durch die Arbeit der Kinder im Team gefördert und sie lernen, wertebewusst, demokratisch und tolerant zu handeln.

Eine Übersicht über den Ablauf des Rates erleichtert den Kindern das Vorgehen. Für die Beschlüsse sollten Sie den Kindern ein Blankoheft zur Verfügung stellen.

Schülerexperten (S. 92)

Sie haben sicherlich Schüler in Ihrer Klasse, die sich besonders gut in einem Thema oder einem Fach auskennen. Vielleicht entdecken Sie in einem Projekt auch eine Leidenschaft bei Ihren Schülern. Verleihen Sie diesen Schülern den Namen „Experte". Dadurch fühlen sich die Kinder akzeptiert und ihr Selbstbewusstsein wird gestärkt. Diese Akzeptanz führt nicht nur zu einer Erhöhung der Lernbereitschaft, sondern auch zu einer guten Klassengemeinschaft.

Rückmeldekarten (S. 93)

Reflektieren und Begründen ist nicht leicht für Kinder und muss gelernt sein. Mithilfe der Rückmeldekarten können die Kinder in verschiedenen Situationen ihre Gedanken bündeln und formulieren. Die Kinder können sowohl ihre Einzelarbeitsphase als auch Partner- und Gruppenarbeiten reflektieren.

Lerntagebuch (S. 95)

Mithilfe eines Lerntagebuchs werden neben dem Wissen auch Lerntechniken gefördert. Hat das Kind für sich eine erfolgreiche Strategie entwickelt und angewendet, bestärkt dieses Erfolgserlebnis das Kind positiv.

Reflektieren Kinder ihren Lernprozess – und damit auch sich selbst –, wird das Lernen nachhaltiger und effektiver, die Kinder erlangen dadurch die Fähigkeit zur Selbstreflektion, was sich positiv auf das gesamte Klassenklima auswirkt.

Weitere Programme zur Förderung der Sozialkompetenz

Schülersprechstunde

Alternativ oder ergänzend zum Klassenrat können Sie eine Schülersprechstunde anbieten. Hier haben die Kinder die Möglichkeit, sachlich ein Problem zu schildern oder ihre Interessen und Wünsche vorzutragen. Sie werden wie Erwachsene behandelt und werden ernst genommen. Dies stärkt ihr Selbstvertrauen. Sie können Kritik üben, aber auch loben und diskutieren.

Streitschlichter

Bei diesem Programm werden Kinder zu Streitschlichtern ausgebildet und helfen anderen Kindern. Die Kinder lernen, sich in andere Schüler hineinzuversetzen und einen Konflikt gewaltfrei und respektvoll zu lösen.

Kindern, denen geholfen wird, profitieren ebenfalls davon. Bei der Streitschlichterausbildung lernen die Kinder, was sie auch im zukünftigen Zusammenleben gebrauchen können.

Paten für jüngere Schüler

Bei jahrgangsgemischten Klassen können die älteren Schüler eine Patenschaft für jüngere Kinder übernehmen und heißen die „Kleinen“ in der Klasse willkommen. Aber auch Kinder der Klassen 3 und 4 können dies für die jüngeren Klassen übernehmen.

Sie lernen soziales Verhalten, einen behutsamen Umgang mit anderen Kindern, lernen, eigene Gefühle zu äußern und freundlich mit anderen Kindern umzugehen. Dadurch fühlen sich die Kinder akzeptiert und ihr Selbstbewusstsein wird gestärkt. Diese Akzeptanz führt nicht nur zu einer Erhöhung der Lernbereitschaft, sondern auch zu einer guten Klassengemeinschaft. Und auch die jüngeren Schüler profitieren davon, denn sie fühlen sich aufgehoben und haben direkt einen Freund an ihrer Seite, von dem sie lernen können.

Die Prüfung

Lehrer Dachs kündigt eine Prüfung an: „Morgen im Sportunterricht gibt es einen Wettkampf für alle Tiere. Im Klettern, Schwimmen, Tauchen, Fliegen und Laufen."
„Juhuuu", jubeln die kleinen Tiere, „das wird toll!"

Abends ist der kleine Spatz Ole betrübt. „Was ist denn los mit dir?", fragt Mama Spatz.
„Morgen gibt es eine Prüfung und ich kann gar nicht tauchen!", sagt Ole.

Am nächsten Morgen hat der kleine Spatz Ole immer noch ein schlechtes Gefühl im Bauch.
„Was hast du denn?", fragt Frosch Elias.
„Ich habe Angst vor der Prüfung, weil ich gar nicht tauchen kann", beichtet Spatz Ole beschämt.

„Dann bin ich ja nicht der Einzige, der etwas nicht kann", antwortet Frosch Elias erleichtert: „Ich kann nämlich nicht gut laufen!"
„Und ich kann nicht klettern", ruft Igel Karl.
„Ich kann nicht schwimmen", sagt Eichhörnchen Scarlett kleinlaut.
„Und ich kann nicht fliegen", meint Waschbärin Feli.
„Dann kann ja keiner alles!", stellt die kleine Maus Rosi fest.
Jetzt sind alle Tiere froh.

2 Stärken und Schwächen – Arbeitsblatt 1

Nicht jeder kann alles.
Jeder kann aber etwas besonders gut.

1. Spielt die Szene nach.

2. Der kleine Spatz Ole kann nicht tauchen.
   Wie fühlt sich Ole?

entspannt | verletzt | froh | glücklich | dankbar | beschämt | schüchtern | stark
einsam | verlegen | unsicher | wütend | unzufrieden | gelangweilt | erleichtert
ernst | freudig | gestresst | stolz | nachdenklich | munter | ängstlich

3. Muss jedes Tier alles gleich gut können?

____

____

____

4. Was dachte Ole, wie seine Freunde reagieren?

____

Wie reagieren sie wirklich?

____

5. Wie fühlt sich Ole nach der Reaktion seiner Freunde?

entspannt | verletzt | froh | glücklich | dankbar | beschämt | schüchtern | stark
einsam | verlegen | unsicher | wütend | unzufrieden | gelangweilt | erleichtert
ernst | freudig | gestresst | stolz | nachdenklich | munter | ängstlich | erleichtert

Stärken und Schwächen – Arbeitsblatt 2

**Der kleine Spatz Ole kann gut fliegen.
Eichhörnchen Scarlett kann gut klettern.
Was kannst du gut?**

1. Vervollständige die Sätze.

Ich kann super Schlittschuh laufen. | Ich kann gut zuhören. | Ich bin gut in Mathe. | Ich kann schnell lesen. | Ich bin freundlich. | klettern | Fußball spielen | erzählen | schwimmen | reiten | an Regeln halten | Ordnung halten

Ich kann super ______________________

Ich kann gut ______________________

Ich bin ______________________

____

____

____

____

____

____

2. Schneide die Kronen-Sätze aus und stelle deinen Mitschülern deine Stärken vor. Sammelt eure Stärken.

Stärken und Schwächen – Arbeitsblatt 3

Der kleine Spatz Ole kann nicht tauchen. Was kannst du noch nicht so gut?

1. Vervollständige die Sätze.

Ich kann noch nicht so gut Ordnung halten.

Ich muss noch mehr üben, pünktlich zu sein.

Ich bin nicht gut darin, vor einer Gruppe zu sprechen. | freundlich sein

klettern | konzentrieren | erzählen | schwimmen | reiten | an Regeln halten

Ich kann noch nicht so gut ______________________

Ich muss noch mehr üben ______________________

Ich bin ______________________

____

____

____

____

____

____

2. Schneide die Lupen-Sätze aus und stelle deinen Mitschülern deine Schwächen vor. Sammelt eure Schwächen.

Das sagen meine Mitschüler über meine Stärken und Schwächen:

1. Befrage ein paar Mitschüler von dir.
   Schreibe es auf.

2. Vergleiche die Aussagen mit den Stärken und Schwächen, die du aufgeschrieben hast.
   Gibt es Unterschiede?
   Schreibe es auf.

2 Stärken und Schwächen – Arbeitsblatt 5

1. Wie fühlt es sich an, wenn du mit anderen Mitschülern über deine Schwächen sprichst?

Male eine passende Farbe in das Feld.

Beschreibe das Gefühl.

2. Wie fühlt es sich an, wenn deine Mitschüler etwas über deine Schwächen sagen?

Male eine passende Farbe in das Feld.

Beschreibe das Gefühl.

Groß oder klein

Die kleine Maus Rosi wäre gerne so groß wie Bärin Judith.
„Wenn ich so groß wie du wäre, müsste ich vor gar nichts Angst haben!“, sagt Rosi. „Ich wäre stark und niemand könnte mich übersehen. Außerdem würde ich immer an die leckeren Birnen im Baum kommen und müsste niemanden um Hilfe bitten.“
„Und ich wäre gerne so klein wie du!“, entgegnet Bärin Judith. „Niemand hätte Angst vor mir und ich würde nicht immer im Mittelpunkt stehen. Außerdem würde ich mit kleineren Pfoten viel besser an den leckeren Honig kommen!“

Der kleine Spatz Ole hat das Gespräch der beiden mitbekommen.
„Da könnt ihr euch doch gegenseitig wunderbar helfen!“, sagt er.

2 Jeder ist anders – Arbeitsblatt 1

1. Die kleine Maus Rosi und die Bärin Judith wären gerne anders. Schreibe auf.

So bin ich:

So wäre ich gerne:

So bin ich:

So wäre ich gerne:

Was fällt dir auf?

2. Der kleine Spatz Ole sagt zu den beiden: „Da könnt ihr euch doch gegenseitig wunderbar helfen!" Was meint er damit?

Jeder ist anders – Arbeitsblatt 2 (1)

Das bin ich!

Mein Name: ______________________

So alt bin ich: ______________________

So groß bin ich: ______________________

Das trage ich gerne: ______________________

So sehe ich aus:
Male ein Bild von dir oder klebe ein Foto auf.

Ich bin:
Male gelb an, wie du bist.
Male blau an, welche Eigenschaften du gerne hättest.

entspannt fröhlich glücklich dankbar schüchtern stark ernst lustig
freudig gestresst stolz nachdenklich munter neugierig fleißig sportlich
ungeduldig hilfsbereit lieb

Das ist meine Familie:
Male.

Das sind meine Freunde:

____

Sie sind meine Freunde, weil ______________________

____

Das bin ich!

Damit spiele ich gerne:

So wohne ich:

Male ein Bild von eurer Wohnung, eurem Haus oder deinem Zimmer.

Mein Lieblingstier:

Das esse ich gerne:

Das mag ich:

Jeder Mensch ist einzigartig. Genauso einzigartig wie sein Fingerabdruck.
Schneide den Rahmen aus. Nimm dir ein Stempelkissen und mache einen Daumenabdruck in den Rahmen.
Sammelt eure Daumenabdrücke an der Tafel.

Der Fingerabdruck von

Das bin ich!

So sehe ich aus:
Male dich in den Spiegel.
Schneide ihn aus.
Vergleiche mit deinen Mitschülern.
Welche Gemeinsamkeiten
und Unterschiede gibt es?

Matheaufgaben

Frosch Elias ist verzweifelt. Heute hat Lehrer Dachs die Mathearbeit zurückgegeben und Elias hat eine „Fünf“ bekommen. Lehrer Dachs sagt, dass er mehr lernen soll, wenn er die Klasse nicht wiederholen will.
Aber das ist gar nicht so leicht. Der kleine Frosch versteht die Aufgaben einfach nicht und würde viel lieber Weitspringen üben, als sich mit Zahlen zu beschäftigen. Wie soll er das nur wieder aufholen? Wenn er in eine andere Klasse gehen müsste, wäre er nicht mehr mit seinen Freunden zusammen. Das wäre schrecklich!

Waldi Wildschwein spricht Elias nach der Schule an.
„Wenn du möchtest, kann ich mit dir ab jetzt jeden Tag ein bisschen Mathe üben und wir machen die Hausaufgaben zusammen.“
Die Hilfe nimmt Frosch Elias gerne an. Und tatsächlich: Bei der nächsten Mathearbeit schreibt Elias eine „Drei“.
„Wenn du willst, kann ich dir beibringen, wie du weiter springen kannst“, sagt Elias zu Waldi.

2 Anderen helfen – Arbeitsblatt 1

1. Hat dir schon mal jemand geholfen?
Schreibe es auf.

Wie hast du dich gefühlt, als dir geholfen wurde?

entspannt verletzt froh glücklich dankbar beschämt stark einsam
verlegen unsicher wütend unzufrieden gelangweilt erleichtert ernst
freudig gestresst stolz nachdenklich munter ängstlich

2. Hast du schon mal jemandem geholfen? Schreibe es auf.

Wie hat sich die Person gefühlt, als ihr geholfen wurde?

entspannt verletzt froh glücklich dankbar beschämt stark einsam
verlegen unsicher wütend unzufrieden gelangweilt erleichtert ernst
freudig gestresst stolz nachdenklich munter ängstlich

Woran hast du gemerkt, wie sich die Person gefühlt hat?

Für Experten: Was bedeutet das Wort Großmut?

Helfen kannst du immer und überall.

Wo kann Ole überall helfen?
Schreibe auf oder male an.

2 Anderen helfen – Arbeitsblatt 3

Lies die Aussagen.
Wann kannst du helfen, wann holst du lieber Hilfe?
Kreuze an.
Warum hast du dich so entschieden? Begründe!

	Ich helfe.	Ich hole Hilfe.	Begründung

2 Anderen helfen – Arbeitsblatt 4

Helfer gesucht!
Arbeitet mit einem Partner oder in der Gruppe.

Wo würdet ihr gerne helfen?
Es gibt viele Bereiche, in denen Hilfe gebraucht wird.
Menschen, Tiere oder ein Stück Natur – sie alle brauchen Hilfe.

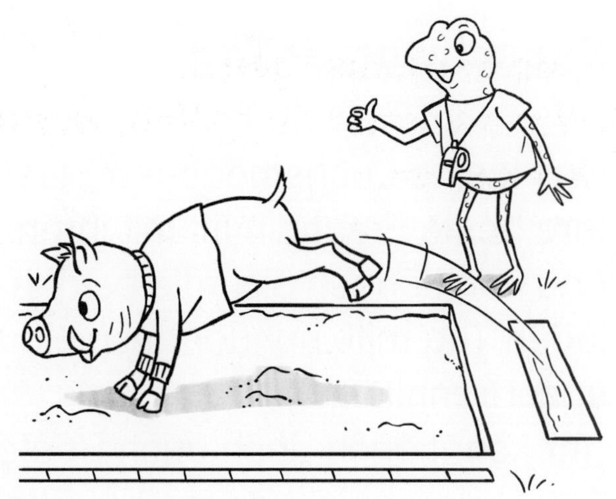

Überlegt euch, wo ihr helfen möchtet.
Malt dazu ein Bild auf ein Blatt Papier.
Schreibt auf, welche Hilfe benötigt wird.
Sammelt Ideen, wie ihr helfen könnt, und schreibt sie dazu.

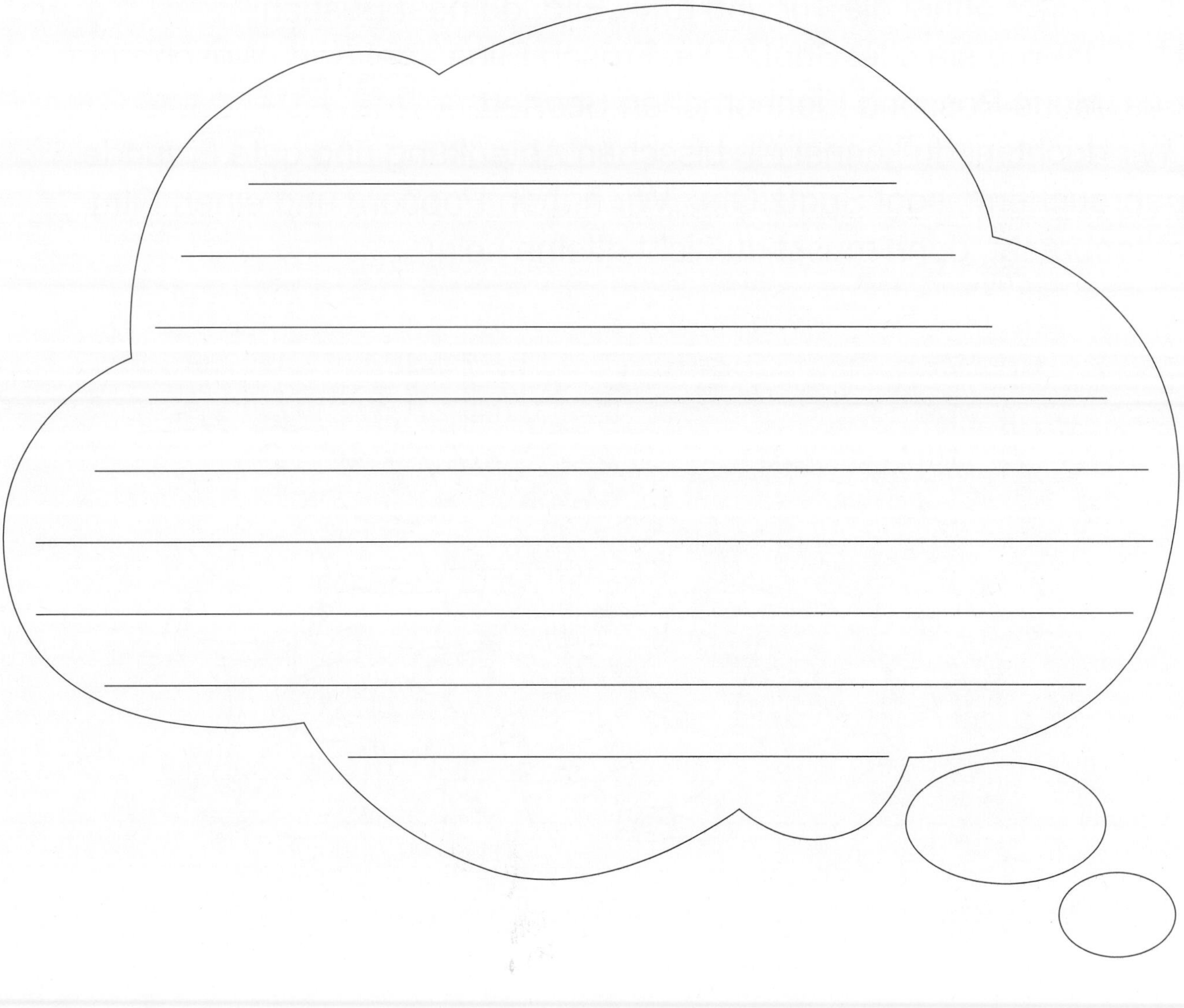

2 Mitgefühl zeigen – Lesetext

Ein schwarzer Tag

Das kleine Luchsmädchen Ella ist heute sehr traurig.
Ihre beste Freundin ist mit ihren Eltern in einen anderen Wald gezogen und nun können sich die beiden nur noch selten sehen. Sie haben jeden Tag miteinander gespielt und waren auch in der Schule unzertrennlich.
„Ihr könnt euch doch auch Briefe schreiben“, sagt Mama Luchs.
Aber das ist nicht dasselbe! Ella möchte heute mit niemandem sprechen. Sie arbeitet nicht in der Schule mit, möchte in der Pause mit niemandem spielen. Und Appetit hat sie auch nicht. Das ist ein richtig schwarzer Tag!

Als die kleine Ella abends in ihrer Höhle sitzt, klopft es plötzlich.
Ihre Mutter öffnet die Tür und ruft: „Ella, du hast Besuch!“
Und da sind sie alle: Spatz Ole, Frosch Elias, Igel Karl, Waschbärin Feli, Maus Rosi und Eichhörnchen Scarlett.
„Wir dachten, du kannst ein bisschen Ablenkung und gute Freunde gebrauchen!“, sagt Spatz Ole. „Wir haben Popcorn und einen Film mitgebracht, dann musst du nicht alleine sein!“

2 Mitgefühl zeigen – Arbeitsblatt 1

1. Wie fühlt sich das kleine Luchsmädchen Ella?

____

2. Die anderen Tiere wollen ihr helfen.
   Wie tun sie dies?

____

____

3. Wie wird Ella reagieren?
   Schreibe die Geschichte weiter.

____

____

____

4. Überlege mit einem Partner, wie man jemanden trösten kann.
   Spielt eine Szene mit einem traurigen und einem tröstenden Kind.
   Spielt die Szene der Klasse vor und sammelt gemeinsam Ideen, wie man Trost spenden kann.

die Hand nehmen

umarmen

Mitgefühl zeigen – Arbeitsblatt 2

Gefühle erkennen

1. **Schau dir die Bilder an.
   Wie fühlen sich die Kinder?
   Schreibe das passende Wort darunter.**

2. **Gefühle haben Farben! Welche Farben passen zu den Gefühlen?
   Male die Gesichter an.**

3. **Woran kann man Gefühle erkennen?**

____

4. **Wähle ein Gefühl aus der Liste.
   Versuche, das Gefühl durch Mimik (Gesichtsausdruck) und Gestik (Körperhaltung) darzustellen.
   Kann dein Partner das Gefühl erkennen?**

wütend ängstlich zufrieden glücklich fröhlich einsam verwirrt
unglücklich überrascht nachdenklich gelangweilt

Den Gefühlen auf der Spur: Der Angsthase

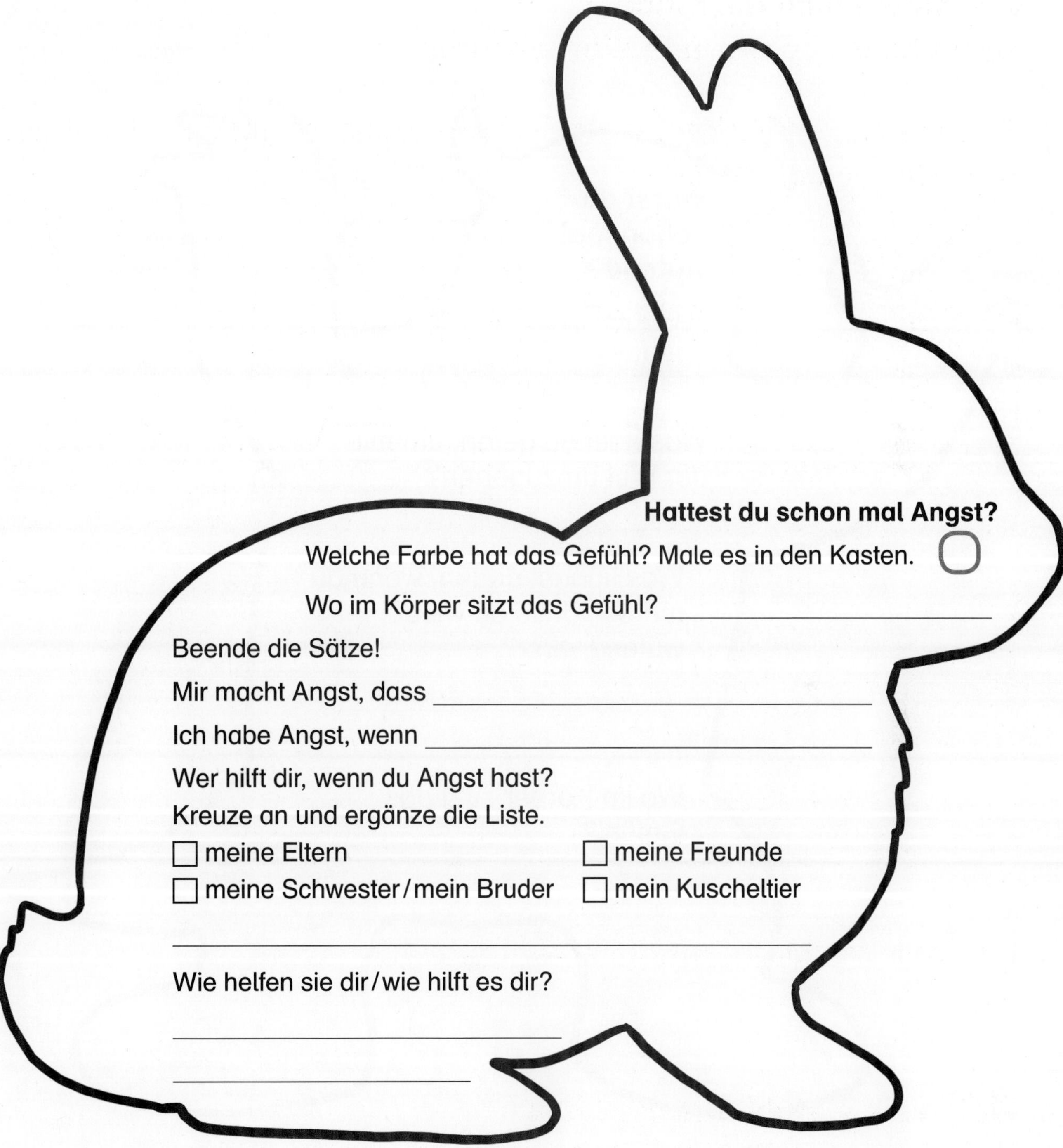

Hattest du schon mal Angst?

Welche Farbe hat das Gefühl? Male es in den Kasten. ▢

Wo im Körper sitzt das Gefühl? ______________________

Beende die Sätze!

Mir macht Angst, dass ______________________________

Ich habe Angst, wenn _______________________________

Wer hilft dir, wenn du Angst hast?
Kreuze an und ergänze die Liste.

- ☐ meine Eltern
- ☐ meine Freunde
- ☐ meine Schwester/mein Bruder
- ☐ mein Kuscheltier

____

Wie helfen sie dir/wie hilft es dir?

____

____

Den Gefühlen auf der Spur:
Das Wutmonster

Ich habe viele Gefühle!

Welche Gefühle hattest du schon mal?
Male dich unter die Luftballons.
Schreibe in jeden Luftballon ein Gefühl, das du schon mal hattest.
Schreibe darunter, in welcher Situation du so gefühlt hast.

2 Mitgefühl zeigen – Arbeitsblatt 6

Schau dir die Bilder an.
Wie fühlen sich die Kinder, die allein sind?
Was fühlst du, wenn du die Bilder ansiehst?

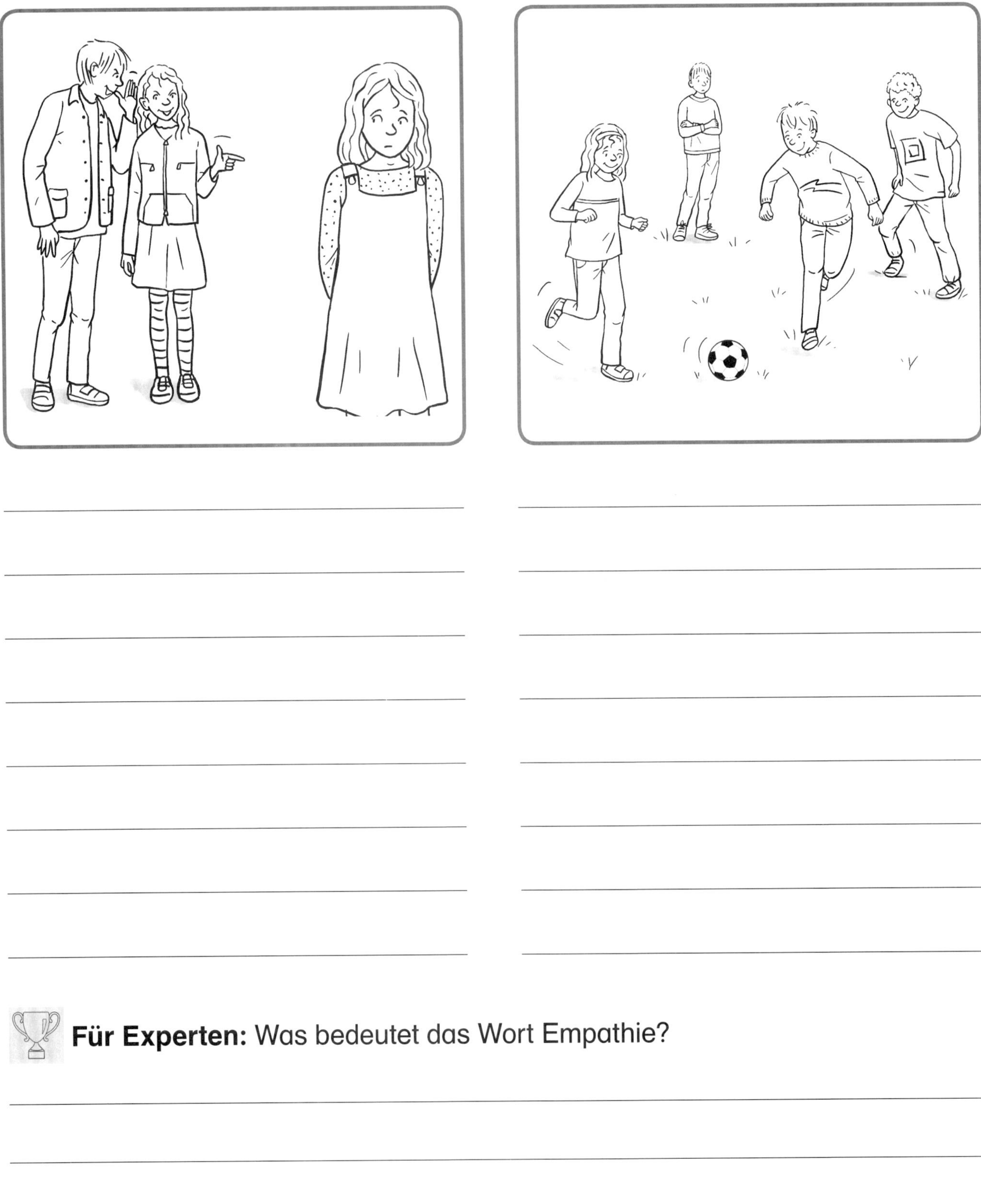

Für Experten: Was bedeutet das Wort Empathie?

Mitgefühl zeigen – Arbeitsblatt 7

Bastle ein Gefühlsthermometer.
Schneide das Thermometer und den Fernseher aus.
Falte die Laschen des Fernsehers um das Thermometer.
Nun kannst du immer dein aktuelles Gefühl anzeigen.

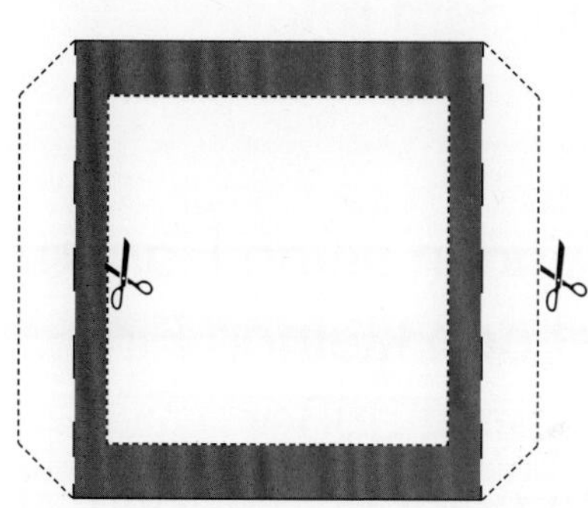

Ich will damit spielen!

Es ist Pause. Alle Tiere laufen schnell zur Ausleihe, damit sie tolle Dinge zum Spielen bekommen. Spatz Ole hört vorne in der Reihe laute Stimmen.
„Immer spielst du damit!“, hört er den kleinen Uhu Oskar rufen.
„Bist du blöd? Wenn du zu spät kommst, bist du selbst schuld!“, ruft nun der kleine Wolf Finn. Beide ziehen und zerren an dem roten Spielauto.

Der kleine Wolf ist der Stärkere und bekommt das Auto in seine Hände. Das lässt sich Uhu Oskar nicht gefallen und schubst den kleinen Finn. Direkt geraten die beiden in eine Prügelei und alles gerät außer Kontrolle. Der kleine Spatz Ole versucht gemeinsam mit Reh Fridolin und Frosch Elias, die beiden Streitenden auseinanderzubringen.

2 Gewaltfrei reden und fair streiten – Arbeitsblatt 1

Beantworte die Fragen zum Streit. Schneide die Vorlagen aus und gestalte mit einem Tacker ein kleines Heft.

Worum ging es in dem Streit?	Wie kam es zu dem Streit?
______________________	______________________
______________________	______________________
______________________	______________________
______________________	______________________
______________________	______________________
Welche Worte wurden gesagt, die zum Streit geführt haben?	**Wie hätte der Streit verhindert werden können?**
______________________	______________________
______________________	______________________
______________________	______________________
______________________	______________________
______________________	______________________

Für Experten: Wie wäre es in der Situation nicht zum Streit gekommen? Was hätten Oskar und Finn sagen müssen, ohne den anderen anzugreifen? Spielt die Szene ohne Streit.

2 Gewaltfrei reden und fair streiten – Arbeitsblatt 2

Was ist Gewalt?

**1. Sieh dir die Gewaltskala an.
Lies dir die Sätze durch.
Trage eine passende Zahl
aus der Skala ein.**

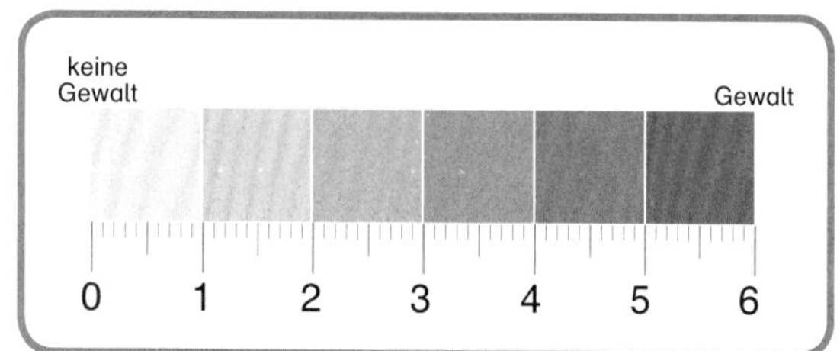

[6] Ein Kind wird getreten und geboxt.
☐ Ein Kind wird mit „Du blöde Kuh“ beschimpft.
☐ Ein Kind wird absichtlich angerempelt.
☐ Jemand streckt die Zunge raus.
☐ Zwei Kinder lästern über ein anderes Kind.
☐ Ein Kind wird gefragt, wie es ihm geht.
☐ Ein Kind wird von der Klasse vom Spielen ausgeschlossen.
☐ Einem Kind wird ein Bein gestellt.
☐ Ein Kind schreit ein anderes Kind an.
☐ Die Schulsachen eines Kindes werden beschädigt.
☐ Ein Kind fragt seinen Sitznachbarn, ob er ihm helfen kann.

**2. Schau dir die Bilder an.
Was passiert?
Wie fühlen sich die Kinder?**

______________________________ ______________________________

______________________________ ______________________________

Was ist Gewalt?

1. Was ist Gewalt für dich?

2. Hast du selbst schon mal Gewalt erlebt oder gesehen, wie ein anderes Kind Gewalt erfahren hat? Beschreibe die Situation.

3. Wie hast du dich gefühlt? Wie hat sich das Kind gefühlt, das Gewalt erfahren hat? Male das Kästchen in der passenden Farbe an.

4. Wie haben sich die Personen gefühlt, die Gewalt ausgeübt haben? Male das Kästchen in der passenden Farbe an.

5. Male ein Bild zu dem Erlebnis.

Ich- und Du-Botschaften

Uhu Oskar hat sich mit Wolf Finn gestritten. Finn fühlt sich angegriffen und er reagiert genervt. Er beleidigt Oskar. Und schon kommt es zum heftigen Streit. Sie äußern Sätze, die den anderen angreifen.
Das sind Du-Botschaften.
Mit Ich-Botschaften können sie Gefühle ausdrücken und sagen, was sie stört. Damit können sie den Streit verhindern.

1. Was sind Du-Botschaften, was sind Ich-Botschaften?
Male Du-Botschaften rot an.
Male Ich-Botschaften grün an.

Ich bin verärgert. | Das hat mich verletzt. | Du bist immer unpünktlich! | Ich verstehe nicht, warum du das getan hast. | Geh mir aus dem Weg! | Ich bin traurig, weil du meinen Stift kaputt gemacht hast. | Du bist doof. | Hau ab!

2. Erkläre Du- und Ich-Botschaften mit deinen eigenen Worten.

Du-Botschaften ______________________________

____

____

____

Ich-Botschaften ______________________________

____

____

____

Ich- und Du-Botschaften

1. Was beschreibt Du-Botschaften, was beschreibt Ich-Botschaften? Male Du-Botschaften rot an. Male Ich-Botschaften grün an.

Die Botschaften …

beschreiben eine Situation. | verursachen Schuldgefühle.

beschreiben Gefühle. | bewerten die andere Person nicht.

werden als Kritik empfunden. | werden als Tadel empfunden.

haben die Bereitschaft, sich selbst zu ändern. | führen zu Streit.

schieben niemandem die Schuld zu. | suchen die Schuld beim anderen.

führen dazu, dass der Streit geklärt werden kann.

2. Lies die Du-Botschaften. Formuliere sie in eine Ich-Botschaft um.

Wenn ... | fühle ich mich … | weil … | Ich wünsche mir …

Du-Satz	Ich-Satz
1. Du schaust nie, wo du hinläufst!	1. ______
2. Immer machst du alles kaputt!	2. ______
3. Geh weg, du darfst nicht mitspielen.	3. ______

Bastle ein Leporello.

Erzähle, wie du den Streit erlebt hast.
Formuliere Ich-Botschaften.
Sage, wie du dich gefühlt hast.

Schließt einen Vertrag per Handschlag.

Äußere, was du in Zukunft anders machen willst.
Höre zu, wenn das andere Kind seinen Vorschlag äußert.

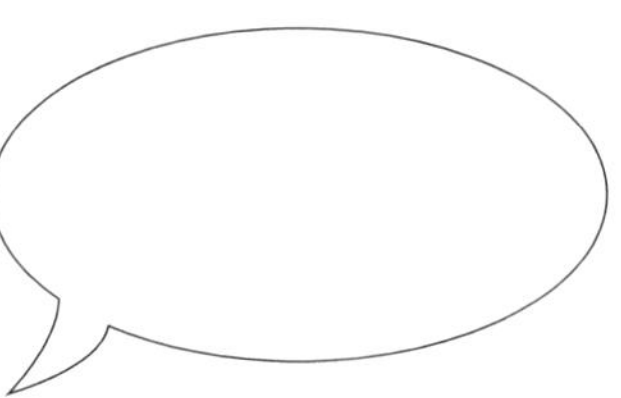

Wiederhole das, was gesagt wurde.
Spiegele die Aussagen.

Höre aufmerksam zu.
Lass die anderen Kinder ausreden.

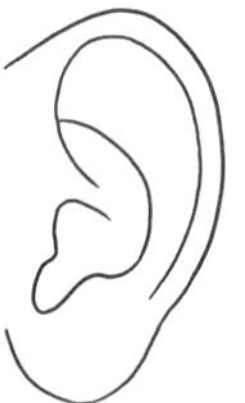

Gewaltfrei reden und fair streiten

Entscheidet gemeinsam, was ihr nun tun wollt.
Äußere deinen Wunsch.
Höre zu, wenn das andere Kind seinen Wunsch äußert.

Schlechte Laune

Der kleine Igel Karl hat heute richtig schlechte Laune. Als er auf dem Weg zur Schule den Blätterhaufen verlässt, ruft Igel Papa: „Tschüss! Ich wünsche dir einen schönen Tag in der Schule!“ Aber dem kleinen Igel Karl ist nicht danach zu antworten. Da fährt auch schon der Schulbus vor.
„Guten Morgen Karl“, ruft Spatz Ole und winkt. Igel Karl ignoriert ihn und drängelt sich an den anderen Kindern vorbei in den Bus.
„Aua“, ruft die kleine Maus Rosi „deine Stacheln pieksen, kannst du nicht aufpassen?“ Igel Karl tut, als würde er dies nicht hören.

„Er könnte sich wenigstens entschuldigen“, sagt Maus Rosi zu Ole, als sie nebeneinander im Bus sitzen. Spatz Ole steht auf und setzt sich neben Karl.
„Ist alles gut bei dir? Kann ich dir helfen?“, fragt er.
„Ich habe einfach schlechte Laune, geht mir heute am besten aus dem Weg!“, antwortet Karl.

Gut miteinander umgehen – Arbeitsblatt 1

**1. Versetze dich in den kleinen Igel Karl.
Wie fühlt er sich?**

**2. Wie verhält sich Igel Karl?
Schreibe sein Verhalten auf die linke Seite.
Wie hätte er sich besser verhalten können?
Schreibe es auf die rechte Seite.**

Für Experten: Was bedeutet „gutes Benehmen“? Was gehört alles dazu? Gibt es Momente, in denen du dich besonders gut benimmst?

2 Gut miteinander umgehen – Arbeitsblatt 2

Schau dir die Bilder an.
Was ist ein guter Umgang, was ist ein schlechter Umgang?
Kreuze an.
Wie fühlen sich die Personen?
Male sie in passenden Farben an.

☐ guter Umgang
☐ schlechter Umgang

☐ guter Umgang
☐ schlechter Umgang

☐ guter Umgang
☐ schlechter Umgang

☐ guter Umgang
☐ schlechter Umgang

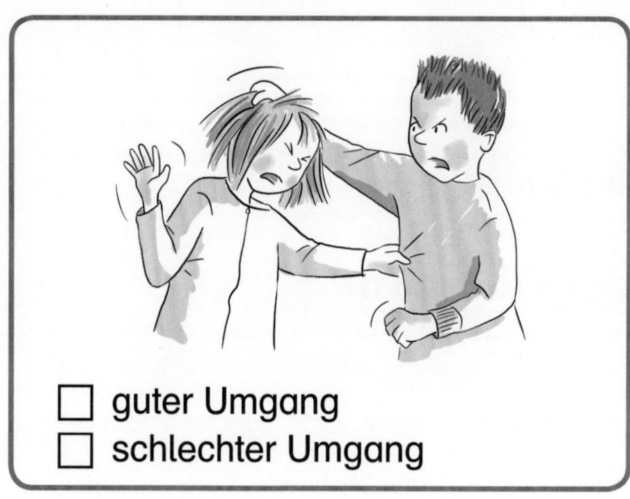

☐ guter Umgang
☐ schlechter Umgang

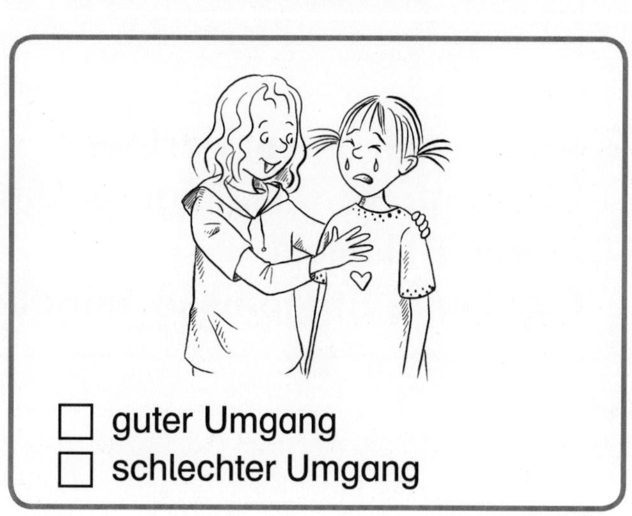

☐ guter Umgang
☐ schlechter Umgang

Wir sind Vorbilder füreinander!

1. Wie können wir Vorbilder füreinander sein?
Lies die Satzteile.
Verbinde.

Wir gehen mit Spielgeräten und Gegenständen	und nehmen auch Hilfe an!
Wir hören uns zu	und sagen „Hallo“ und „Tschüss“!
Wir sind freundlich zueinander	und lassen andere Kinder ausreden!
Wir gehen respektvoll mit anderen um	und stören niemand beim Lernen!
Wir helfen einander	und lösen Konflikte ohne Streit!
Wir arbeiten leise	und sagen „Bitte“ und „Danke“!
Wir sind höflich	und halten uns an die „Stoppregel“!
Wir sind friedlich miteinander	achtsam um!

2. Arbeite mit einem Partner.
Überlegt, warum ein guter Umgang wichtig ist.
Findet Beispiele.
Stellt eure Ergebnisse mündlich der Klasse vor.

Wir sind Vorbilder füreinander!

Welche drei Regeln sind dir am wichtigsten?
Schreibe auf jede Krone einen Satz.
Überlege, warum dir die Regel wichtig ist.
Finde noch eigene Regeln.

Der Garten der Freundlichkeit

Schneide die Blumen aus.
Schreibe in jede Blume in die Mitte ein freundliches Wort oder einen freundlichen Satz.

2 Ehrlich sein – Lesetext

Mein Papa

In der Pause erzählt die kleine Waschbärin Feli: „Ich hab den besten Papa der Welt! Er ist Wissenschaftler und fliegt mit einer Rakete ins Weltall, um fremde Planeten zu erforschen! Er kann mit Menschen reden und mit einem Fallschirm Berge hinunterfliegen."
„Oh", sagt Eichhörnchen Scarlett: „Mein Papa kann toll von einem Baum zum anderen springen!"
„Das ist ja nichts", erwidert Waschbärin Feli: „Mein Papa kann mit einem selbst gebauten Flugzeug über alle Bäume hinwegfliegen!"
„Ich habe deinen Papa noch nie gesehen, er holt dich nie aus der Schule ab", wundert sich Spatz Ole.
„Das geht ja auch nicht", sagt Waschbärin Feli. „Er ist ja berühmt und muss in anderen Ländern Menschen erforschen, da kann er mich schlecht aus der Schule abholen!"

Später erzählt Spatz Ole Mama Spatz: „Felis Vater ist ein berühmter Forscher und deshalb kann er nie mit ihr zum Schwimmen gehen oder mit ihr Spielen oder Geschichten vorlesen!" Mama Spatz schaut traurig: „Weißt du, das stimmt so nicht. Feli hat ihren Vater noch nie gesehen."

2 Ehrlich sein – Arbeitsblatt 1

Arbeite mit einem Partner.

**1. Wählt eine der Fragen aus.
Schreibt eine Antwort.**

- Was beutet Wahrheit?
- Sollte man immer die Wahrheit sagen?
- Dürfen Freunde sich belügen?
- Was ist der Unterschied zwischen Lügen und Schwindeln?
- Kann man aus Versehen lügen?
- Kann es auch Lügen geben, die erlaubt oder sogar notwendig sind?
- Warum soll man nicht lügen?

**2. Lest euch die Redewendungen durch.
Könnt ihr die Bedeutungen erklären?
Schreibt zu einer Redewendung die Bedeutung auf.**

Lügen haben kurze Beine.

Wer einmal lügt, dem glaubt man nicht,
und wenn er auch die Wahrheit spricht.

Ehrlich währt am längsten.

2 Ehrlich sein – Arbeitsblatt 2

Du bist Lügenkommissar!

1. Entscheide über den Fall: Welche Lügen sind schlimm, welche sind eher Notlügen? Male schlimme Lügen rot an. Male Notlügen grün an.

Auf dem Geburtstag gab es Spaghetti. Die mag Lasse nicht. Er sagt aber, dass es ihm geschmeckt hat.
Julius hat aus Versehen den Stift von Dalal kaputt gemacht. Er behauptet, Annika sei es gewesen.
Celina hat heute keine Lust, mit Konrad zu spielen. Sie sagt deshalb, dass sie krank ist.
Ruth hat eine schlechte Note bekommen. Sie sagt es ihren Eltern nicht.
Emmi findet einen Zehneuroschein. Sie sieht, dass Matze seinen Zehneuroschein sucht. Sie sagt aber nichts und behält ihn.
Lea hat ein neues Kleid. Pia findet das Kleid hässlich. Sie sagt ihrer Freundin aber, dass es toll aussieht.
Linus ist übers Wochenende bei seinen Großeltern. In der Zeit stirbt sein Hamster Hanno. Seine Eltern sagen es ihm aber erst, als er wieder zu Hause ist.

2. Vergleiche deine Ergebnisse mit einem Partner. Begründet eure Entscheidungen.

3. Sammele weitere schlimme Lügen und Notlügen.

2 Ehrlich sein – Arbeitsblatt 3

1. Hast du schon mal gelogen?
War es eine Notlüge oder eine schlimme Lüge?
Schreibe es auf.

2. Wie hast du dich beim Lügen gefühlt?
Male die passende Farbe in den Rahmen.
Beschreibe das Gefühl.

3. Wurdest du schon mal belogen?
Wie hast du dich gefühlt?
Male die passende Farbe in den Rahmen.
Beschreibe das Gefühl.

4. Setzt euch in Gruppen zusammen.
Überlegt gemeinsam: Will man immer die Wahrheit hören?
Schreibt eure Gedanken auf.

2 Angst haben – Lesetext

Alleine zu Hause

Die Eltern von Spatz Ole sind heute Abend zum Essen eingeladen. „Wir sind nicht lange weg“, sagt Mama Spatz. „Können wir dich alleine lassen?“, fragt Papa Spatz. Der kleine Spatz Ole findet das toll. „Endlich habe ich das Nest mal für mich alleine“, denkt er. Es ist schon dunkel und Spatz Ole liest mit einer Taschenlampe noch ein Buch. Er vergisst dabei ganz die Zeit, so spannend ist die Geschichte. Plötzlich hört er ein Geräusch. Was war das? Etwas hat geknackt. Ist dort jemand? Spatz Ole bekommt es mit der Angst zu tun.

Er leuchtet mit der Taschenlampe umher. Nichts ist zu sehen. Doch da! Noch ein Geräusch. Ole zieht die Decke über den Kopf. So hat er sich das nicht vorgestellt! Vorsichtig schaut er aus der Decke hervor. Da ist eine Bewegung! Jetzt hat der kleine Spatz Ole richtig Angst. Plötzlich spricht jemand mit ihm: „Du bist ja noch wach!“ Mama und Papa Spatz sind wieder zu Hause. Ole ist erleichtert: „Gut, dass meine Eltern wieder zu Hause sind.“

2 Angst haben – Arbeitsblatt 1

Spatz Ole ist alleine zu Hause.
Plötzlich hört er merkwürdige Geräusche …

1. Wovor hat der kleine Spatz Ole Angst?

2. Was denkt Spatz Ole in diesem Moment?

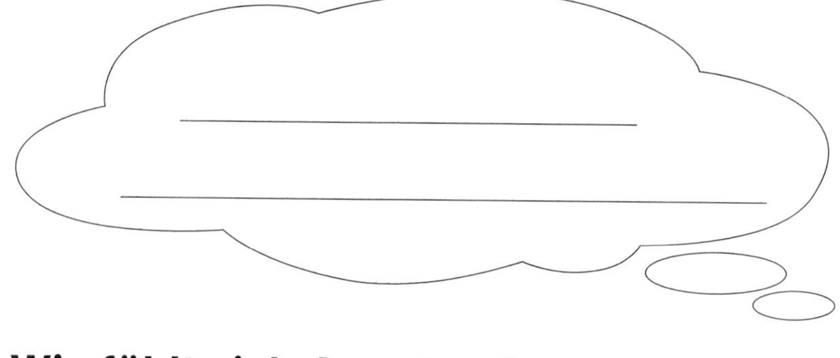

3. Wie fühlt sich Angst an?
Beschreibe:

4. Wie sieht Angst aus? Wie fühlt sich der kleine Spatz Ole?
Arbeite mit einem Partner.
Stellt die Szene in einem Standbild dar.
Achtet auf Mimik und Gestik!
Stellt das Standbild der Klasse vor.
Besprecht gemeinsam, wie sich Ole fühlt.

5. Wo im Körper sitzt die Angst?
Male es auf.

Angst haben – Arbeitsblatt 2 (1)

Mein Angstbuch

**Bearbeite die Aufgaben.
Schneide die Vorlagen aus
und gestalte mit einem Tacker
ein kleines Heft.**

Wie fühlt sich Spatz Ole allein zu Hause? Male an.

entspannt | verletzt | froh
glücklich | dankbar | beschämt
schüchtern | stark | einsam
verlegen | unsicher | wütend
unzufrieden | gelangweilt
erleichtert | ernst | freudig
gestresst | stolz | nachdenklich
munter | ängstlich

Jeder hat vor irgendwas Angst! Davor habe ich Angst:

Mir macht Angst, dass …

Ich bin ängstlich, wenn …

____

____

____

____

____

Das hilft, wenn ich Angst habe:

ein Hörspiel hören

eine Geschichte lesen

Mama und Papa

meine Freunde

mein Bett

____

____

____

An diesen Orten fühle ich mich sicher:

____

____

____

____

____

____

2 Angst haben – Arbeitsblatt 2 (2)

Mein Angstbuch

Auch Worte können Angst machen. Was ist damit gemeint?

Ich mache dich fertig …

Wenn du nicht sofort …

Du bist …

**Angst kann auch gut sein und uns helfen!
Was ist damit gemeint?**

Angstwörter

Schreck Angst ängstlich

Spinne

Meine Angstgeschichte

2 An Regeln halten – Lesetext

Verrückte Woche

„Warum haben wir eigentlich so viele Regeln in der Schule?“, fragt der kleine Frosch Elias Lehrer Dachs.
„Das ist eine gute Frage“, antwortet dieser mit einem Augenzwinkern: „Am besten, ihr erlebt das selbst!“ Lehrer Dachs kündigt der Klasse an: „Diese Woche haben wir eine Woche ganz ohne Regeln!“ Die kleinen Tiere jubeln.
„Das wird ein Spaß“, sagt Spatz Ole.

Zwei Tage später ist bereits Chaos in der Klasse ausgebrochen. Kein Kind hat mehr Jacken und Schuhe in die Garderobe sortiert. In der ganzen Klasse liegt Müll. Es gibt keine Schulglocke mehr und die Kinder kommen und gehen, wann sie wollen. Während des Unterrichts toben und spielen einige Tiere und niemand kann sich mehr auf das Lernen konzentrieren …
„Das habe ich mir anders vorgestellt“, sagt Spatz Ole. „So macht Schule keinen Spaß!“

2 An Regeln halten – Arbeitsblatt 1

Lehrer Dachs kündigt eine Woche ohne Regeln an.

1. Wie würde ein Tag für dich aussehen, an dem du dich an keine Regeln halten musst? Schreibe es auf.

2. Ole gefällt die Zeit ohne Regeln gar nicht. Begründe.

2 An Regeln halten – Arbeitsblatt 2

Nicht nur in der Schule gibt es Regeln.
Schau dir die Bilder an.
Welche Regeln kennst du?
Fallen dir noch weitere Orte oder Situationen ein?
Male und schreibe sie auf.

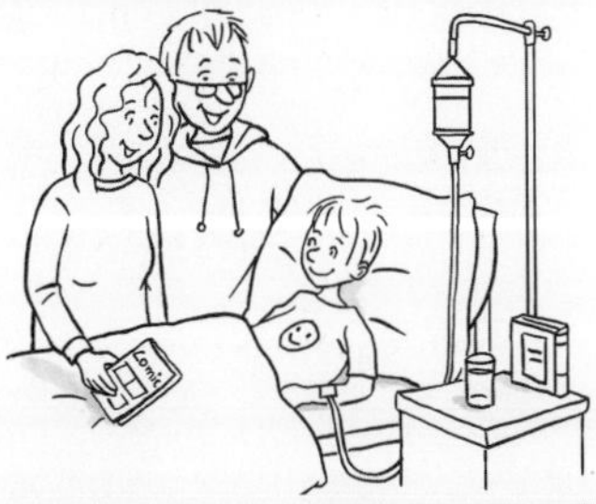

Für Experten: Regeln funktionieren nur, wenn sich alle daran halten!
Was ist damit gemeint?

Klassenregel-Placemat

- Welche Regeln in der Klasse sind euch besonders wichtig?
- Setzt euch zu viert zusammen.
- Jedes Kind schreibt die Regeln auf das Feld, das vor ihm liegt.
- Dann wird das Blatt einmal im Uhrzeigersinn gedreht.
- Lies, was das andere Kind geschrieben hat, und schreibe noch eigene Gedanken dazu.
- Macht dies so lange, bis jedes Kind alle Felder gelesen hat.
- Besprecht euch und schreibt die drei wichtigsten Regeln in die Mitte.

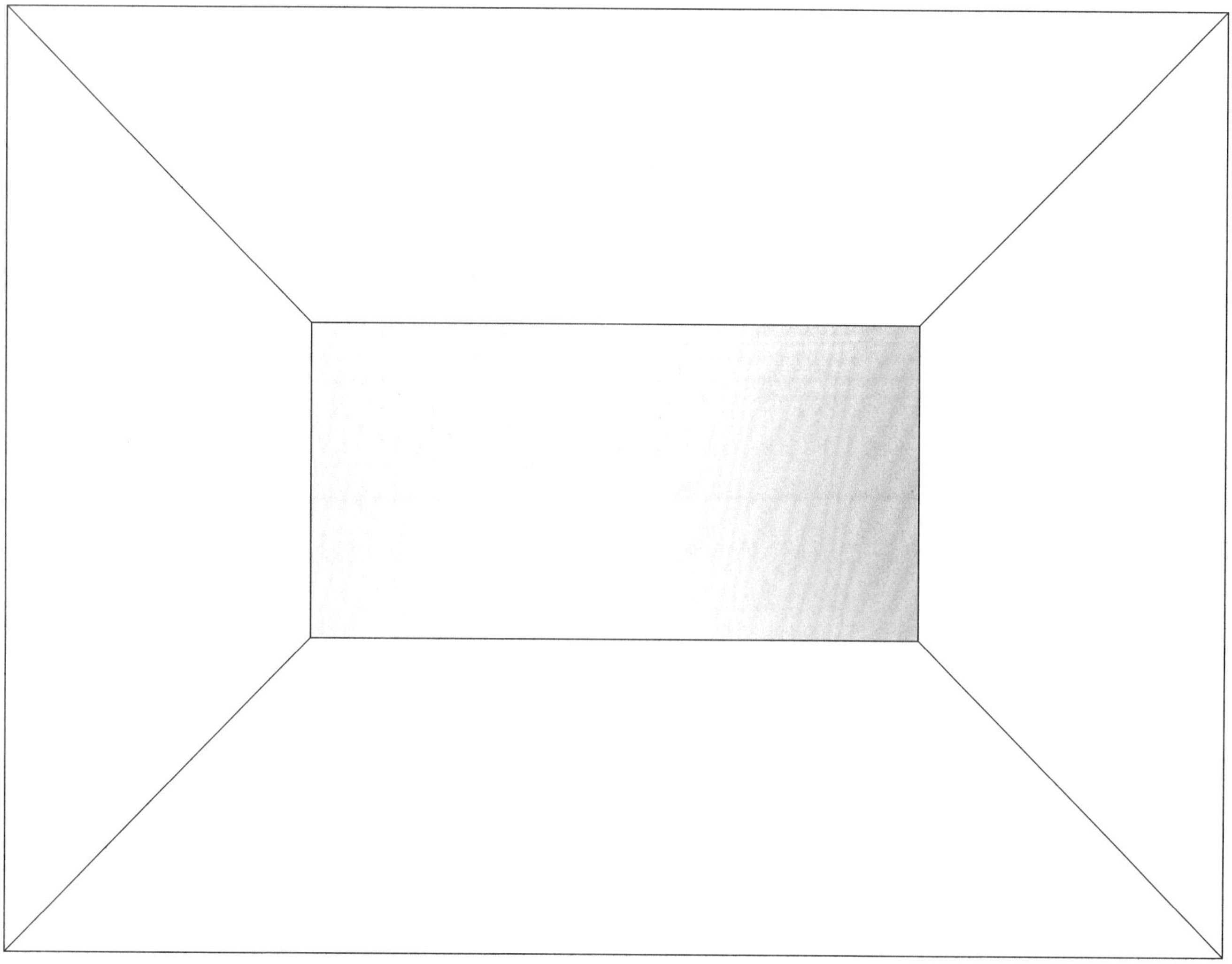

2 Mobbing – Lesetext

Die Neue in der Schule

Die Häsin Bertha ist neu in der Klasse. Ihre Eltern sind erst vor Kurzem in den Wald gezogen. Sie ist schüchtern und traut sich noch nicht viel zu reden, da sie niemanden kennt. Sie vermisst ihre Freunde aus der alten Schule.
In der Klasse gibt es eine Gruppe: die Bärin Judith mit ihren Freundinnen Füchsin Mara und Eule Dorothee. Bärin Judith sagt in der Klasse, wo es lang geht, und die anderen beiden folgen ihr. Die kleine Häsin Bertha ist für sie genau das richtige Opfer, weil sie ganz alleine und schüchtern ist.

Als Bertha in die Klasse kommt, hat Judith es direkt auf sie abgesehen. Sie zieht an ihren Ohren, beschimpft und schubst sie. In der Pause bestimmt Judith, dass Bertha nicht mitspielen darf, und verbietet den anderen Tieren, mit ihr zu reden. Erst sind die anderen Tiere froh, dass die Neue von ihnen ablenkt, und finden es angenehm, dass nun sie nicht mehr die Opfer sind. Der kleine Spatz Ole aber findet das falsch. Er geht zu der kleinen Häsin Bertha …

2 Mobbing – Arbeitsblatt 1

1. Spielt die Szene nach!

2. Beantworte die Fragen.
   Schneide die Vorlagen aus und gestalte mit einem Tacker ein kleines Heft.

Wie fühlt sich die Häsin Bertha? Male an.

entspannt verletzt froh
glücklich dankbar beschämt
schüchtern stark einsam
verlegen unsicher wütend
unzufrieden gelangweilt
erleichtert ernst freudig
gestresst stolz nachdenklich
munter ängstlich

Was kann Häsin Bertha tun?

____

____

____

____

____

____

____

Was denken die anderen Tiere? Warum helfen sie der Häsin Bertha nicht?

____

____

____

____

____

____

Wie fühlt sich Spatz Ole?

____

____

____

____

____

____

____

3. Wie geht die Geschichte weiter? Schreibe sie auf.

2 Mobbing – Arbeitsblatt 2

**1. Ist das Mobbing?
Kreuze an.
Sprich mit einem Partner darüber.**

- ☐ Ein Kind wird ständig unterbrochen.
- ☐ Mit einem Kind wird nicht mehr gesprochen.
- ☐ Ein Kind wird wie Luft behandelt.
- ☐ Kinder machen sich über einen Mitschüler lustig.
- ☐ Ein Kind wird ständig beim Spielen ausgeschlossen.
- ☐ Einem Kind wird Gewalt angedroht.
- ☐ Man macht sich über die Herkunft eines Kindes lustig.
- ☐ Einem Kind werden ständig die Sachen weggenommen.
- ☐ Ein Kind wird ständig geärgert.
- ☐ Andere Kinder werden leise, wenn ein Kind den Raum betritt.
- ☐ Nur ein Kind aus der Klasse wird nicht zum Geburtstag eingeladen.
- ☐ Kinder verbreiten Lügen über ein anderes Kind.

**2. Hast du schon einmal erlebt, wie ein anderes
Kind schlecht behandelt wurde?
Beschreibe die Situation.**

____

____

____

____

____

3. Wie hast du dich dabei gefühlt? Schreibe es auf.

____

____

____

Mobbing – Arbeitsblatt 3

Schau dir die Bilder an.
Beschreibe die Situationen.
Wer verhält sich nicht gut?

2 Mobbing – Arbeitsblatt 4

Suche dir mit einem Partner eine Szene aus.
Stellt die Szene in einem Standbild dar.
Wie fühlen sich die Kinder?
Achtet auf Mimik und Gestik!
Stellt das Standbild der Klasse vor.
Besprecht gemeinsam, wie sich die Kinder fühlen.

Ein Kind wird von einem anderen Kind gehänselt und bekommt gemeine SMS.	Die persönlichen Dinge eines Kindes werden beschädigt.
Ein Kind verbreitet gemeine Gerüchte über ein anderes Kind und schließt es aus Spielen aus.	Ein Kind imitiert die Stimme und den Gang eines anderen Kindes.
Ein Kind wird von seinem Bruder oder seiner Schwester getreten und geschlagen.	Ein Kind wird gehänselt, weil es nicht die neuesten Schuhe und neueste Kleidung hat.

2 Mobbing – Arbeitsblatt 5

Was du bei Mobbing tun kannst:

Rede darüber!

Sprich mit deinen Eltern, deinen Geschwistern, deinen Freunden oder deinem Lehrer darüber und behalte, was passiert, nicht für dich!

An die Personen kann ich mich wenden: ______________________________

____

Stopp!

Äußere deutlich, was du möchtest. Sage, was du fühlst und dass das Verhalten unterlassen werden soll!

So äußere ich meine Wünsche: ______________________________

____

Notiz!

Merke dir, wer die Vorfälle gesehen hat!

Freude!

Unternimm mit deinen Freunden, deinen Geschwistern oder deinen Eltern schöne Dinge. So können dich die Vorfälle nicht lustlos machen oder stressen!

Das mache ich gerne / Das macht mir Spaß: ______________________________

____

Hilfe!

Suche dir Hilfe und Verbündete in deiner Klasse oder in deiner Schule.

Warum sind Freunde wichtig? ______________________________

____

Überlege mit einem Partner:
Was könnt ihr tun, wenn ihr Mobbing beobachtet?
Sammelt eure Ideen auf Kärtchen und stellt sie der Klasse vor.

Der Apfelkuchen

Das kleine Reh Fridolin möchte mit seiner Mama einen Apfelkuchen backen.
„Geh doch bitte rüber auf die Apfelwiese und pflücke uns ein paar Äpfel“, sagt Mama Reh. Der kleine Fridolin geht sofort los und pflückt eifrig die Äpfel vom Baum. Ein paar Äpfel hängen an den tieferen Ästen und sind schnell im Korb gesammelt.
„Mh“, überlegt Reh Fridolin, „die Äpfel reichen aber nicht für einen Kuchen und an die anderen Äpfel komme ich nicht heran. Was mache ich jetzt nur?“

Der kleine Spatz Ole kommt herbeigeflogen.
„Fridolin! Was machst du denn hier? Kann ich dir helfen?“, fragt Ole.
„Ich sammele Äpfel für einen Apfelkuchen, aber ich komme an die oberen Äpfel nicht heran!“, antwortet Fridolin. Schnell fliegt Spatz Ole nach oben und wirft Fridolin ein paar Äpfel herunter. Später am Nachmittag essen beide in der Sonne ein großes Stück Apfelkuchen und trinken Milch dazu.
„Ohne dich hätte ich das nicht geschafft“, sagt das kleine Reh Fridolin.

Zusammen sind wir stark!

1. Welcher Satz passt zur Geschichte?
Kreuze an!
Die Buchstaben ergeben das Lösungswort.

	ja	nein
Das kleine Reh Fridolin soll Birnen sammeln.	K	T
Mama Reh will einen Apfelkuchen backen.	O	E
Reh Fridolin geht zur Apfelwiese.	L	I
Fridolin kann alleine genug Äpfel pflücken.	F	L
Er kommt nur an die unteren Äpfel heran.	E	H
Spatz Ole kann ihm auch nicht helfen.	D	S
Spatz Ole fliegt zu den oberen Ästen.	T	S
Spatz Ole wirft die Äpfel herunter.	E	R
Die Äpfel reichen immer noch nicht.	B	A
Die beiden essen am Nachmittag Apfelkuchen.	M	G

Lösungswort: _ _ _ _ _ _ _ _ _ _

2. Was hätte Reh Fridolin gemacht, wenn der kleine Spatz Ole nicht gekommen wäre?

____

3. Hattest du auch schon mal eine Situation, in der du nicht alleine weitergekommen bist?
Was hast du gemacht?
Schreibe es auf. Die Sätze unten helfen dir.

Meine Eltern haben mir Hilfe angeboten.

Meine Freunde haben mir Hilfe angeboten. Ich habe mir Hilfe geholt.

Ich wollte mir keine Hilfe holen. Mir hat niemand Hilfe angeboten.

2 Zusammenarbeiten – Arbeitsblatt 2

1. Baut gemeinsam ein Floß.
Arbeite mit drei anderen Kindern zusammen.
Ihr braucht stumpfe Buntstifte und viel Schnur.
Ihr habt 15 Minuten Zeit.

2. Was ist besonders wichtig für eine gute Zusammenarbeit?
Kreuzt an.
Findet noch eigene Punkte.

- ☐ zuhören
- ☐ andere ausreden lassen
- ☐ andere Meinungen akzeptieren
- ☐ Regeln einhalten
- ☐ nicht nur die eigenen Interessen durchsetzen wollen

- ☐ ____________________
- ☐ ____________________
- ☐ ____________________
- ☐ ____________________

3. Wann ist eine Zusammenarbeit mit anderen notwendig?

Zusammenarbeiten – Arbeitsblatt 3

Gemeinsam entscheiden!

1. Setzt euch zu dritt zusammen und füllt die Aufgaben gemeinsam aus.

Das sind vier Sachen, die wir gut können:

____
____
____
____

Dies sind zwei Dinge, die wir nicht mögen:

____
____
____
____

Dies sind zwei Dinge, mit denen wir gerne spielen:

____
____
____
____

Dies sind zwei Gerichte, die wir gerne essen:

____
____
____
____

2. Wie hat die Zusammenarbeit geklappt?

Beschreibt euer Vorgehen: Wie habt ihr die Gemeinsamkeiten gefunden?

____

Wie wäre es, wenn alle Kinder in der Klasse die gleichen Dinge mögen würden?

____

Wie wäre es, wenn alle Kinder in der Klasse unterschiedliche Dinge mögen würden?

____

2 Vorlage: Der Baum des Sozialen Lernens 1

Vorlage: Der Baum des Sozialen Lernens 2

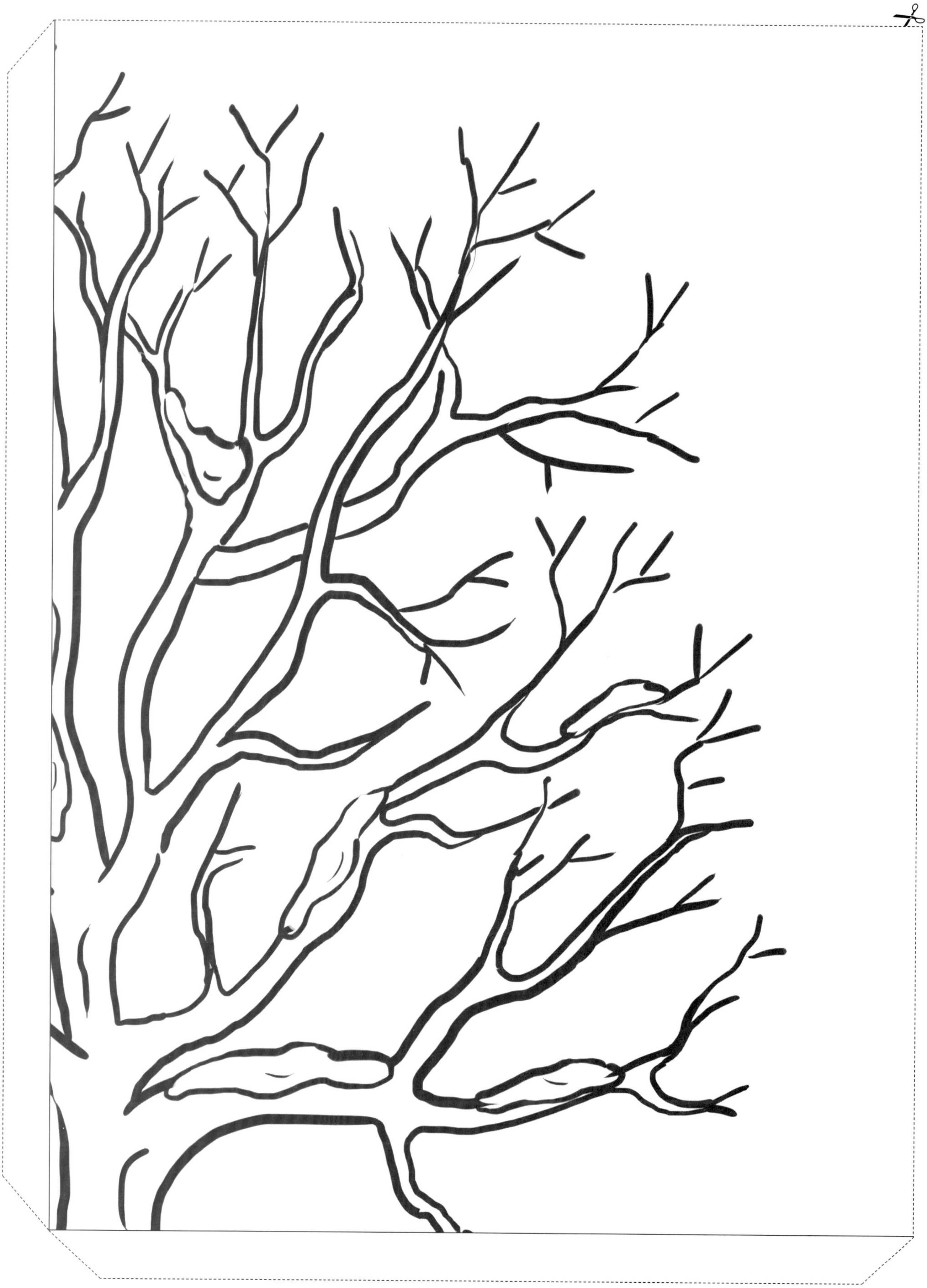

2 Vorlage: Der Baum des Sozialen Lernens 3

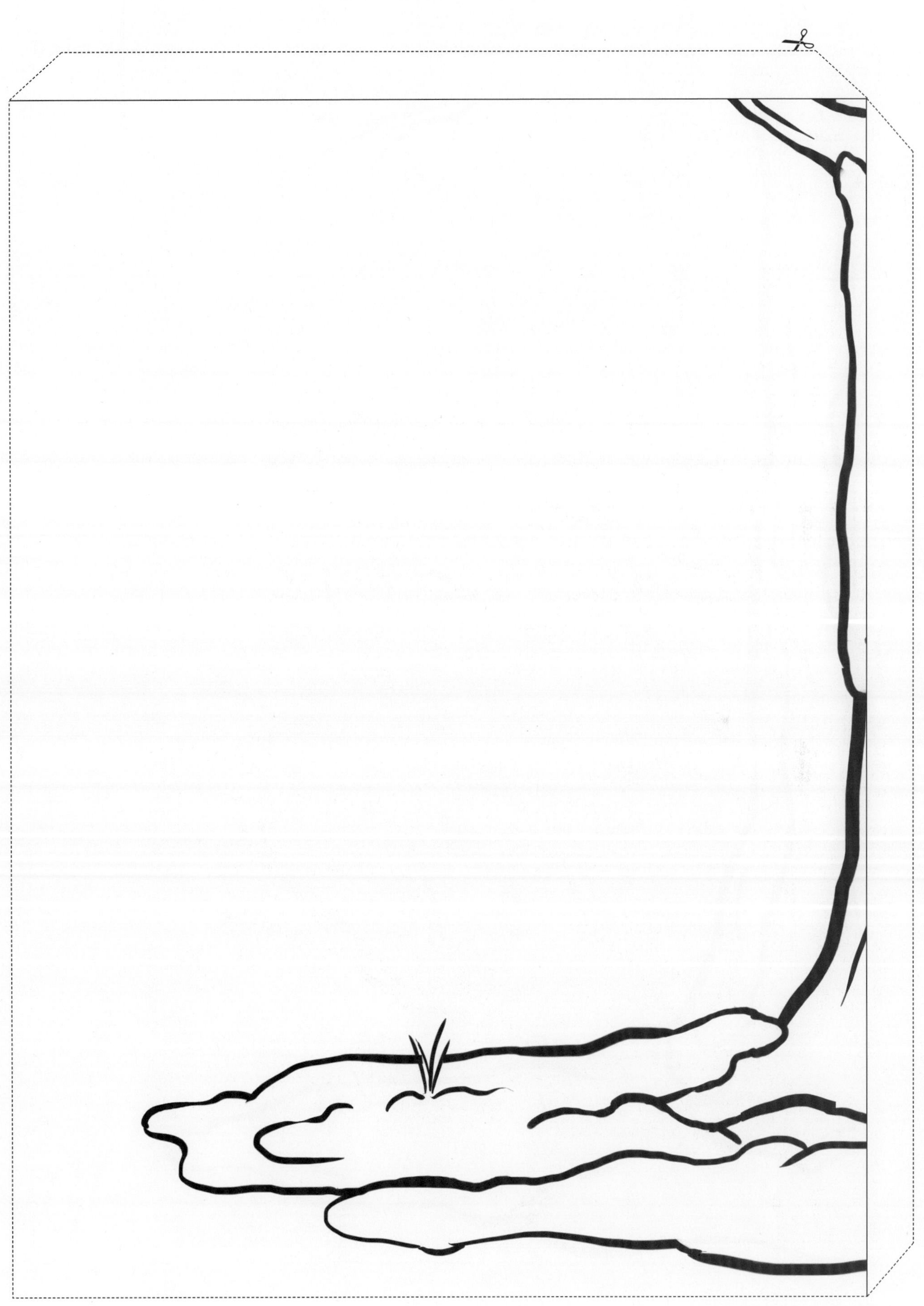

Vorlage: Der Baum des Sozialen Lernens 4

2 Vorlage: Der Baum des Sozialen Lernens 5

3 Warme-Dusche-Karten 1

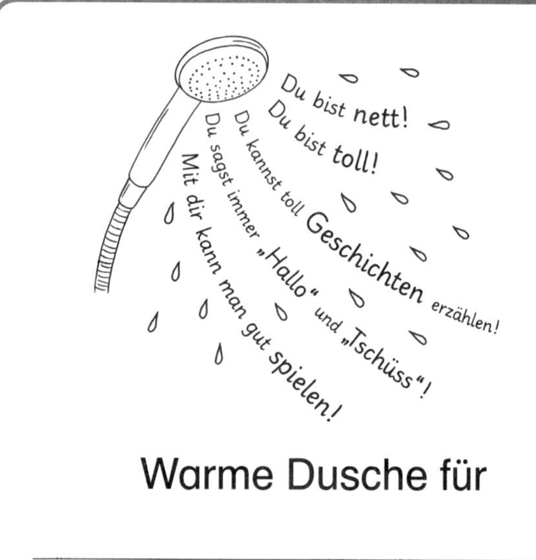

Warme Dusche für

Warme Dusche für

Warme Dusche für

Warme Dusche für

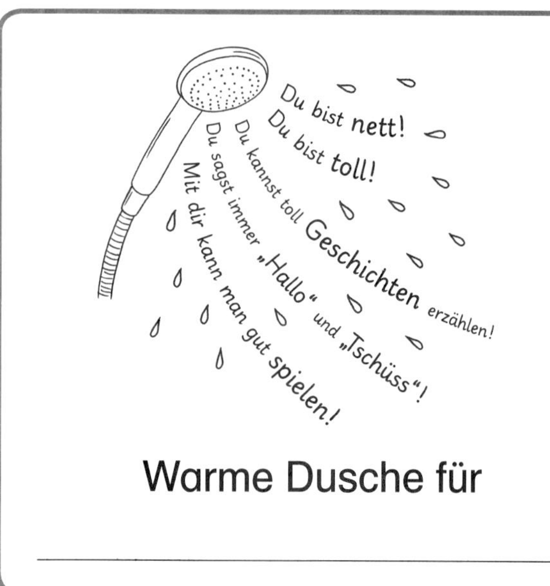

Warme Dusche für

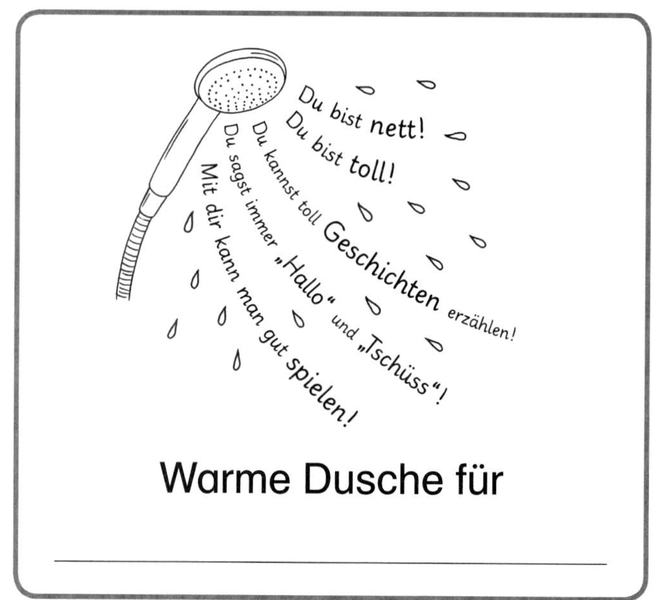

Warme Dusche für

3 Warme-Dusche-Karten 2

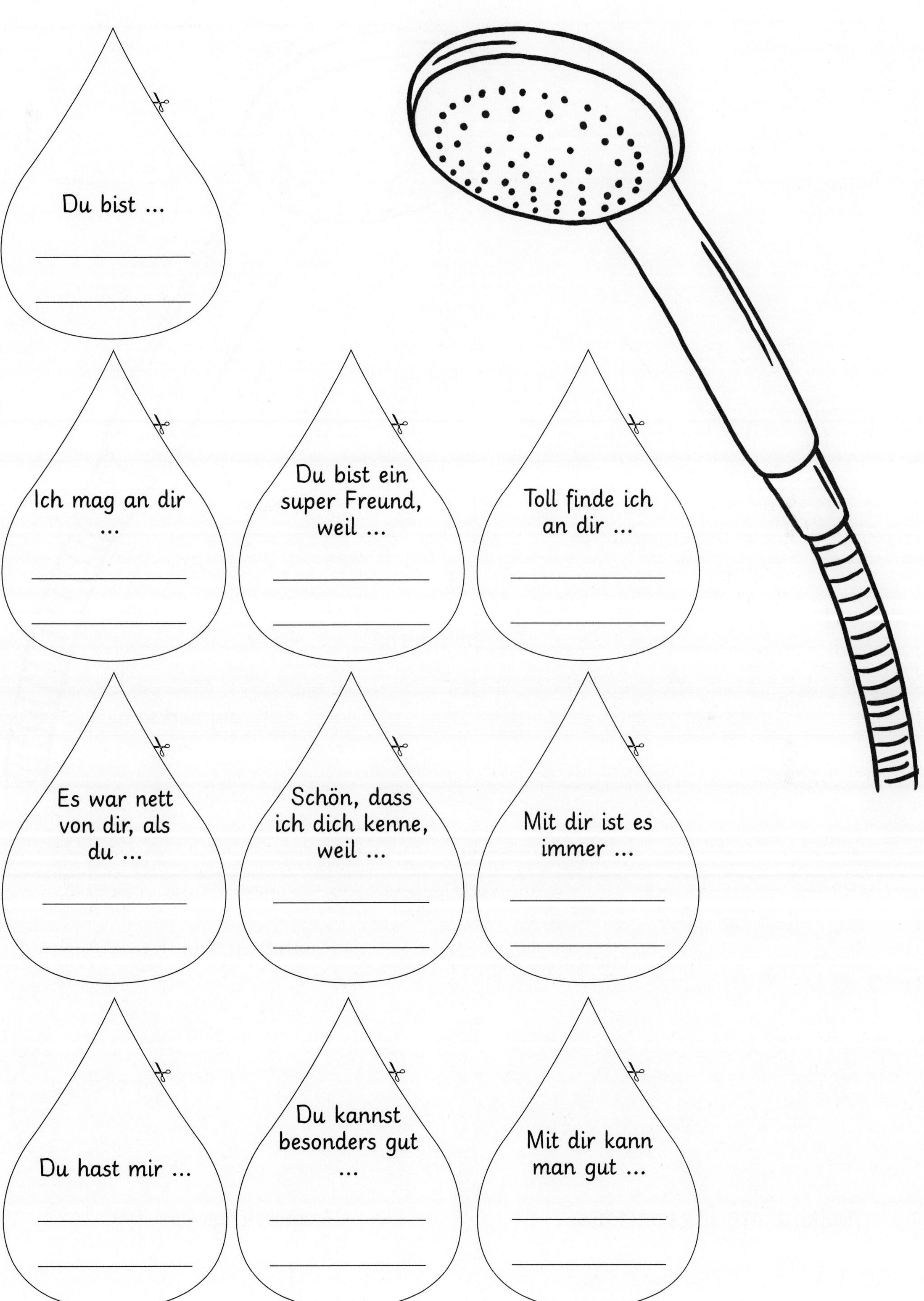

3 Warme-Dusche-Karten 3

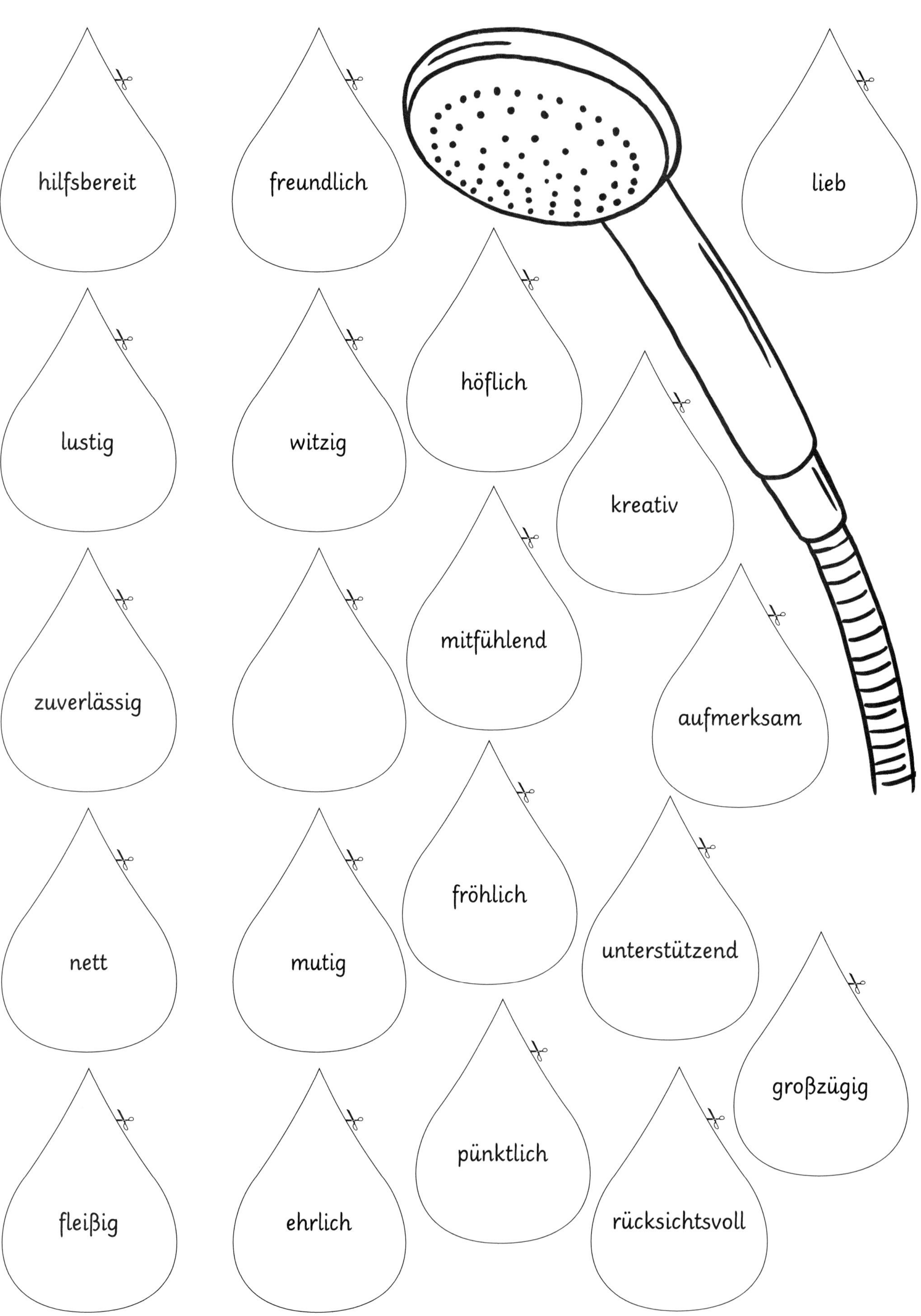

3 Zauberworte

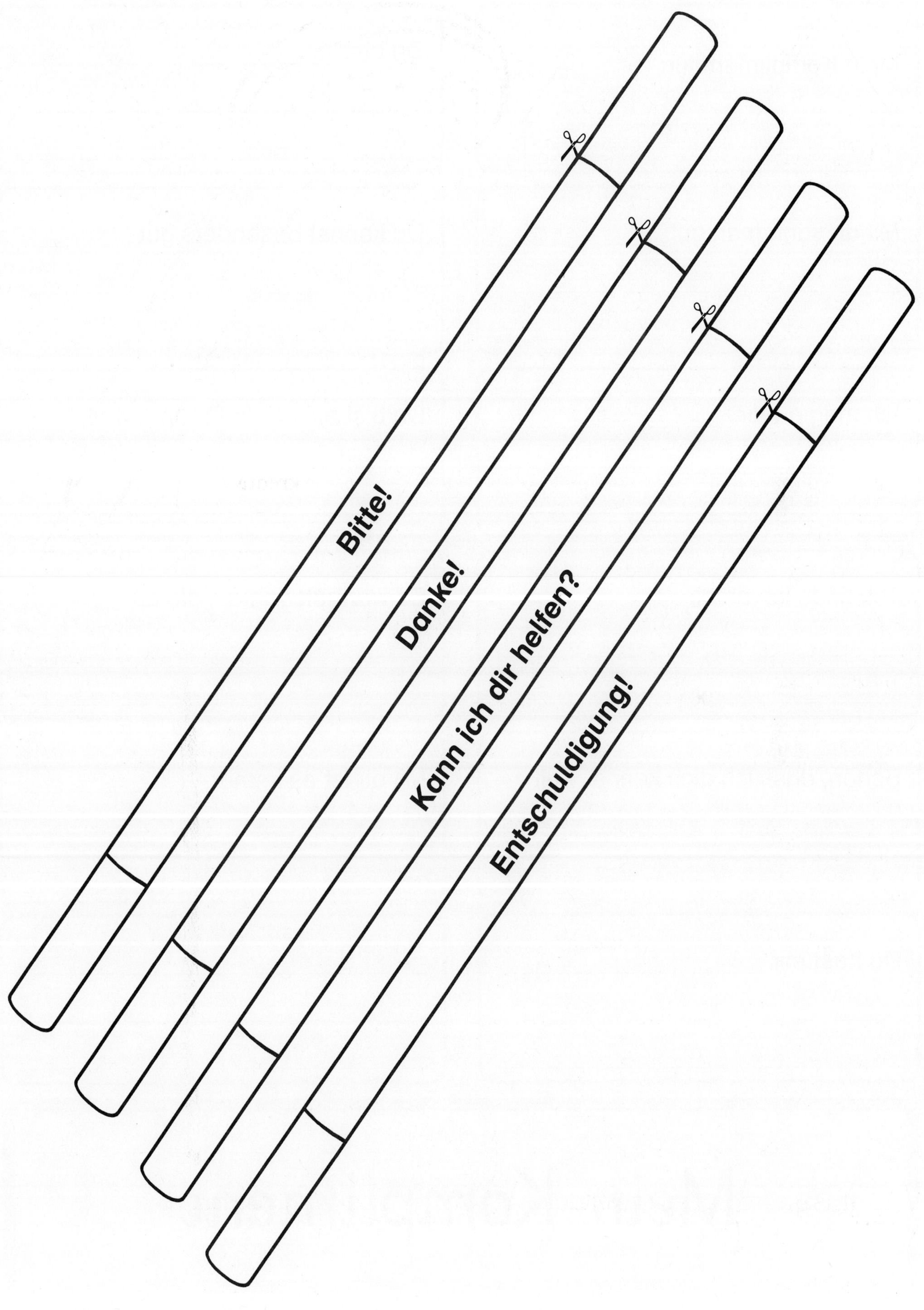

3 Komplimentebox

Mein Kompliment für:

____

Du bist ________________________________

____

____

Mit dir kann man gut ________________

____

____

Du kannst besonders gut ____________

____

____

Ich mag an dir ____________________

____

____

Du bist ein super Freund, weil ______

____

____

Toll finde ich an dir ________________

____

____

Es war nett von dir, als du __________

____

____

Schön, dass ich dich kenne, weil

____

____

Mit dir ist es immer ________________

____

____

Du hast mir ______________________

____

____

____

____

____

Mein Kompliment

3 Mein geheimer Freund

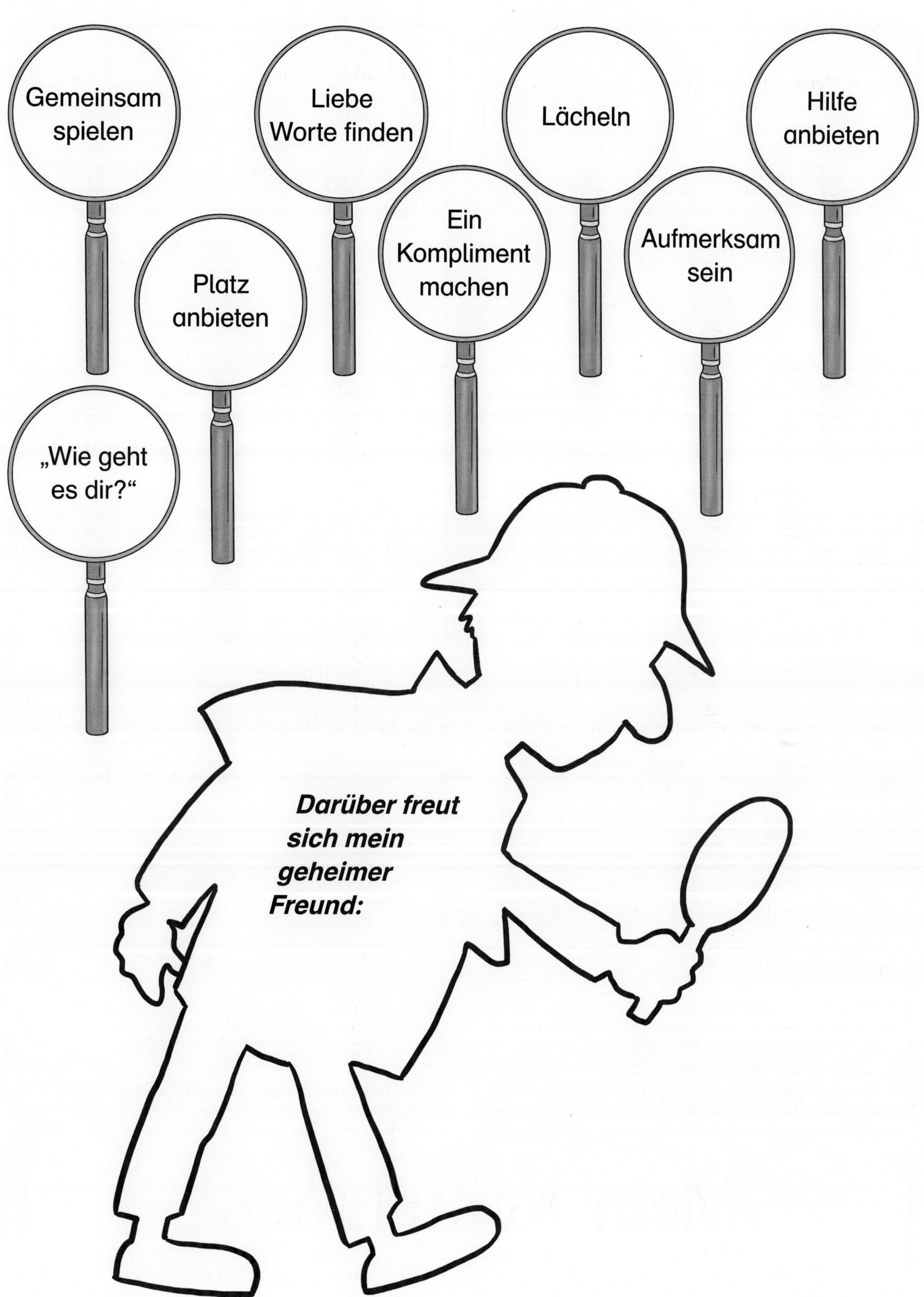

3 Lobkarten 1

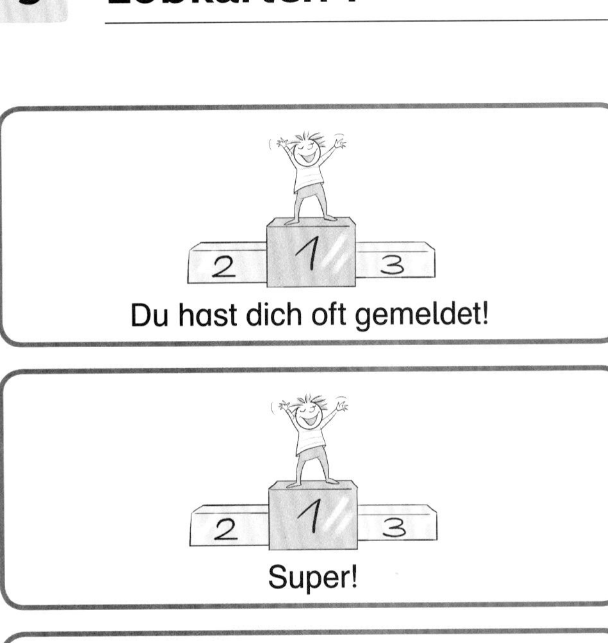

Du hast dich oft gemeldet!

Toll, du hast alle Aufgaben geschafft!

Super!

Weiter so!

Ganz toll!

Besser geht es nicht!

Hervorragend!

Du bist sehr aufmerksam und hörst gut zu!

Du bist sehr fleißig und konzentriert!

Du hast leise gearbeitet! Weiter so!

Du bist sehr hilfsbereit!

Du arbeitest in der Gruppe gut mit!

Du hast dich fair verhalten!

Du hältst dich toll an die Klassenregeln!

3 Lobkarten 2

Du kümmerst dich hervorragend um deinen Klassendienst!

Super, du bist immer pünktlich!

Du hast tolle Ideen!

Du bist ein richtiger Experte!

Du arbeitest gut mit!

Das klappt immer besser!

Du kannst stolz auf dich sein!

Ich bin stolz auf dich!

Schön, dass du in unserer Klasse bist!

Du bist großartig!

Weiter so – heute gab es keinen Streit!

Du kümmerst dich toll um andere Kinder!

______________________________ .

______________________________ .

3 Gutscheine

Gutschein

Du darfst 10 Minuten in der Leseecke ein Buch lesen.

Gutschein

Du darfst 10 Minuten in der Spieleecke spielen.

Gutschein

Du darfst dir ein Spiel wünschen.

Gutschein

Du darfst dir einen Tag einen Wunschpartner wünschen.

Gutschein

Du bekommst von den anderen Kindern eine „warme Dusche“.

Gutschein

Du darfst 10 Minuten Musik hören.

Gutschein

Du darfst 10 Minuten am Computer ein Lernspiel spielen.

Gutschein

Du darfst dir eine Geschichte zum Vorlesen aussuchen.

Gutschein

Heute musst du keine Hausaufgaben machen.

Gutschein

Du darfst mit deinen Mitschülern 5 Minuten früher in die Pause gehen.

Gutschein

Du hast eine Hausaufgabe weniger.

Gutschein

Heute musst du keinen Klassendienst erledigen, das übernehme ich für dich.

3 Partner- und Gruppeneinteilung 1

3 Partner- und Gruppeneinteilung 2

3 Motto-der-Woche-Karten 1

Wir sind höflich!

Wir gehen freundlich miteinander um!

Wir entschuldigen uns!

Wir sind ehrlich!

Wir sagen BITTE und DANKE!

Wir sind pünktlich!

Wir helfen uns!

Wir begrüßen und verabschieden uns!

3 Motto-der-Woche-Karten 2

Wir lösen einen Streit durch Reden!

Wir arbeiten leise!

Wir hören anderen aufmerksam zu!

Wir lassen andere Kinder ungestört lernen!

Wir teilen!

Wir sind ein Team!

Wir vermeiden Streit!

Wir achten auf Sauberkeit!

Unser Motto der Woche!

Unser Motto des Monats!

3 Klassenregeln (Rechte*)

Ich darf meine Meinung äußern!

Ich habe ein Recht zu lernen!

Ich habe ein Recht auf Hilfe und Unterstützung!

Ich habe ein Recht auf Bildung!

Ich habe das Recht, anderen mitzuteilen, was ich denke und fühle!

Ich habe das Recht auf ein Miteinander ohne Gewalt und ohne Beleidigungen!

* In Anlehnung an die Kinderrechte der UN-Kinderrechtskonvention 1989

3 Klassenregeln (Pflichten 1)

Wir helfen einander!

Wir halten zusammen!

Wir geben jedem eine Chance!

Wir sagen „Bitte“ und „Danke“!

Wir hören einander zu!

Wir geben unser Bestes!

Wir lernen jeden Tag!

Wir lachen zusammen und lachen niemanden aus!

Wir stören niemanden beim Lernen!

Wir arbeiten leise!

Wir trennen den Müll!

Wir sind pünktlich!

Wir halten Ordnung in der Klasse und in der Schule!

Wir trösten andere!

3 Klassenregeln (Pflichten 2)

Wir melden uns!

Wir frühstücken an unserem Platz!

Wir machen unsere Hausaufgaben!

Wir sprechen im Flüsterton miteinander!

Wir legen Dinge wieder zurück!

Wir erledigen unsere Klassendienste!

Wir achten auf das Stillesignal!

Wir überlegen zuerst, bevor wir fragen!

Wir sind freundlich!

Wir spielen zusammen und schließen niemanden aus!

Wir gehen sorgsam mit Sachen um!

Stopp heißt Stopp!

3 Klassendienste

Mediendienst

Getränkedienst

Tafeldienst

Aufräumdienst

Fegedienst

Garderobendienst

Blumendienst

Regaldienst

Austeildienst

3 Klassenrat (Ablauf)

1. Klassenrat eröffnen
2. Die Beschlüsse des letzten Rates prüfen
3. Tagesordnung vorstellen
4. Anliegen vorstellen
5. Vorschläge sammeln und diskutieren
6. Lösungen finden
7. Aufgaben verteilen
8. Beschlüsse im Klassenratbuch festhalten
9. Alle Beschlüsse vorlesen
10. Klassenrat abschließen

3 Klassenrat (Dienste)

Zeitwächter

Moderator

Protokollant

Regelwächter

3 Schülerexperten

3 Rückmeldekarten (Einzelarbeit)

Das habe ich gelernt!

Das hat mir gut gefallen!

Mein Vorschlag für das nächste Mal!

Mein Tipp!

Diese Frage habe ich noch!

Das hat mich überrascht!

3 Rückmeldekarten (Partner- und Gruppenarbeit)

Deshalb hat die Zusammenarbeit gut / nicht gut geklappt!

So habe ich mich mit dem Partner / in der Gruppe gefühlt!

Mein Vorschlag für das nächste Mal!

Das nehme ich mir für das nächste Mal vor!

Deshalb sind wir fertig / nicht fertig geworden!

Das wünsche ich mir für das nächste Mal!

3 Lerntagebuch

Das habe ich diese Woche gelernt:

Das habe ich nicht verstanden:

Das würde ich gerne noch herausfinden:

So schätze ich mich ein:

Ich habe konzentriert gearbeitet.

Ich habe gut mit anderen Kindern gearbeitet.

Ich habe mich an die Regeln gehalten.

Ich habe ordentlich gearbeitet.

Das habe ich mir für diese Woche vorgenommen:

Mein Ziel habe ich erreicht:

ZIEL

Das nehme ich mir für die nächste Woche vor: